艺术体育
高校学术研究论著丛刊

体育赛事管理与市场开发研究

张宇 著

中国书籍出版社
China Book Press

图书在版编目 (CIP) 数据

体育赛事管理与市场开发研究 / 张宇著 . -- 北京：中国书籍出版社, 2020.8

ISBN 978-7-5068-7973-6

Ⅰ.①体⋯　Ⅱ.①张⋯　Ⅲ.①运动竞赛 – 组织管理 – 研究　Ⅳ.① G808.22

中国版本图书馆 CIP 数据核字（2020）第 169448 号

体育赛事管理与市场开发研究

张　宇　著

丛书策划	谭　鹏　武　斌
责任编辑	毕　磊
责任印制	孙马飞　马　芝
封面设计	东方美迪
出版发行	中国书籍出版社
地　　址	北京市丰台区三路居路 97 号（邮编：100073）
电　　话	（010）52257143（总编室）　（010）52257140（发行部）
电子邮箱	eo@chinabp.com.cn
经　　销	全国新华书店
印　　厂	三河市德贤弘印务有限公司
开　　本	710 毫米 ×1000 毫米 1/16
字　　数	204 千字
印　　张	15.75
版　　次	2021 年 10 月第 1 版
印　　次	2021 年 10 月第 1 次印刷
书　　号	ISBN 978-7-5068-7973-6
定　　价	76.00 元

版权所有　翻印必究

目 录

第一章　体育赛事概述 …………………………………… 1
第一节　体育赛事的概念与分类 ………………………… 1
第二节　体育赛事的要素与特征 ………………………… 10
第三节　体育赛事对举办地的影响力 …………………… 19

第二章　体育赛事溯源及发展现状探析 ………………… 26
第一节　体育赛事的起源与发展历程 …………………… 26
第二节　体育赛事的发展现状与存在问题分析 ………… 37
第三节　体育赛事的发展前景探讨 ……………………… 42

第三章　体育赛事管理体制的发展与探索 ……………… 44
第一节　体育赛事管理体制与运行机制 ………………… 44
第二节　体育赛事组织与编排 …………………………… 49
第三节　我国体育赛事管理体制的变迁 ………………… 77
第四节　我国现行的体育竞赛制度 ……………………… 80
第五节　体育赛事竞赛制度的创新探索 ………………… 90

第四章　体育赛事的筹划与设计研究 …………………… 93
第一节　举办体育赛事的可行性分析 …………………… 93
第二节　体育赛事目标规划 ……………………………… 100
第三节　体育赛事项目选择与事前评估 ………………… 103
第四节　体育赛事的申办 ………………………………… 117
第五节　体育赛事的规划与设计 ………………………… 123

· 1 ·

第五章　体育赛事的科学组织与管理研究……………… 138
　　第一节　体育赛事组织与管理的理论体系……………… 138
　　第二节　体育赛事组织管理的流程……………………… 140
　　第三节　体育赛事体系诸要素的科学管理……………… 148

第六章　体育赛事市场的开发与营销研究……………… 184
　　第一节　体育赛事市场开发与市场营销的理论体系… 184
　　第二节　体育赛事市场的开发…………………………… 193
　　第三节　体育赛事市场的营销…………………………… 211

第七章　体育赛事赞助与管理研究……………………… 223
　　第一节　体育赞助概述…………………………………… 223
　　第二节　体育赛事赞助的策划与实施…………………… 231
　　第三节　体育赛事赞助管理与效益评估………………… 238

参考文献……………………………………………………… 245

第一章 体育赛事概述

随着竞技体育运动的高速发展,各种体育赛事也大量涌现出来,人们在休闲之余也积极参与到体育赛事欣赏之中,这极大地刺激了体育消费,促进了体育产业的快速发展。由此可见,体育赛事在现代体育产业发展及人们的日常生活中扮演着十分重要的角色。因此,我国应将体育赛事作为我国体育产业发展的重要内容,通过自身的努力打造出一批具有世界影响力的品牌赛事。

第一节 体育赛事的概念与分类

一、体育赛事的概念

体育赛事是指对以体育比赛为核心的一系列活动的总称。传统意义上的体育比赛侧重于赛场上的竞技较量过程,而体育赛事是一项复杂的社会活动,它不仅包括体育比赛的筹备、组织、实施等各项活动,还涉及门票促销、运动员包装、媒体推广、赞助与广告策划、标志品开发等各种经济活动。[①]

据史料记载,人类最早的体育比赛可以追溯至原始社会,人类在旧石器时代就已经有了胜负的比赛意识,开始一些竞技活动,到新石器时代才具有了比较成熟的赛事形式。

最初,体育比赛只是一种游戏的形式,是伴随着人类社会生产力的发展而产生并获得发展的。如在远古时代,人们制定了

---

① 肖林鹏,叶庆晖.体育赛事项目管理[M].北京:北京体育大学出版社,2005.

一些运动比赛的规则来从事一些游戏性质的活动。中国在公元前2700年时就有徒手武术,埃及、亚述、克里特岛等地也有弓箭、跳远和球类比赛,但这时候的体育活动通常只是作为宗教仪式的一部分,尚未形成一种专门性的体育竞技活动。古希腊时代,希腊人格外注重人的力量,关注人体的健美与健康。因此,在这种观念下,运动普遍受到大众的欢迎和重视,甚至成为一种崇高的活动。希腊诗人荷马在公元前8世纪的文学作品《伊利亚特》史诗中,曾说到阿奇里斯为了纪念在特洛伊战争中死亡的朋友巴托勒,特别举行了一场体育赛事,这便是有关体育比赛最早的记载。

随着人类社会的不断发展,体育比赛也逐渐演变成为按一定规则进行的竞技较量活动。现代意义上的体育比赛是指在裁判员的主持下,运动员依据统一规则而实施的竞技较量活动。任何一项体育比赛,无论是规模盛大的世界比赛,还是在二、三人之间进行的趣味性角逐,都是由参赛活动人群、场地物质条件以及比赛组织管理等三个基本系统所组成。体育比赛具有重要的观赏性、刺激性和娱乐性等特点,能吸引人们参与其中,这充分显示出体育比赛的商业价值。

体育比赛是指在一定比赛规则允许下所从事的体育对抗性活动的总称。经过长期的发展,体育比赛的种类日益繁多,比赛形式也日益多样化。一场规模较大的体育比赛往往是一项融合诸多要素的综合性竞技活动,如组织机构设置、市场开发、人力资源管理以及比赛实施等方面。

体育赛事与体育比赛的概念有着相似之处,但二者不能完全划等号,体育赛事的外延要远大于体育比赛。体育赛事是对构成体育比赛的一系列活动的总称。具体而言,体育比赛侧重于比赛的实施,而体育赛事涵盖的内容则要远远大于体育比赛。

体育赛事的经营管理是指体育赛事的管理者通过一定的方式整合资源,以实现体育赛事组织目标的活动。体育赛事管理的实质是利用资源将输入转化为输出的过程。体育赛事的资源主要由体育赛事参加者、赛事中介、公众及欣赏者、组织协办者和必要的物质条件等构成。体育赛事活动的价值也是多种多样的,如竞技价值、健身价值、商业价值等都是其中显而易见的,作为体育产业的管理者一定要深刻认识体育赛事丰富的内涵与价值,采取必要的措施和手段加强体育赛事的管理与发展。

二、体育赛事的分类

发展到现在,体育赛事的内容越来越丰富,因此对其进行分类是非常有必要的一件事情。分类可以说是划分的一种特殊形式,是根据对象的本质属性或显著特征进行的划分,具有较大的稳定性。分类更加要求以对象的一般本质属性或显著特征作为分类的标准。另外,列举也是划分的一种特殊形式,是揭示概念一部分外延的方法。[①]

在进一步研究体育赛事之前,首先就要对体育赛事进行分类,这是重要的前提。一般来说,可以按照以下两种方法对体育赛事进行分类。

依据不同的划分标准,可以将体育赛事项目划分为不同的种类。不同项目体育赛事的结果是运用不同的评定方法予以确定的,这些不同的评定方法又都反映着各个项目本身固有的特点,因此,根据运动成绩的评定方法建立竞技项目的分类体系,对于体育赛事的健康发展具有重要的意义。

(一)依据运动成绩评定的方法分类

一般来说,依据体育比赛成绩评定方法进行分类,可将竞技运动项目分为测量类、评分类、命中类、制胜类和得分类五种类型(图1-1)。

---

① 中国人民大学哲学系逻辑教研室.逻辑学[M].北京:中国人民大学出版社,1996.

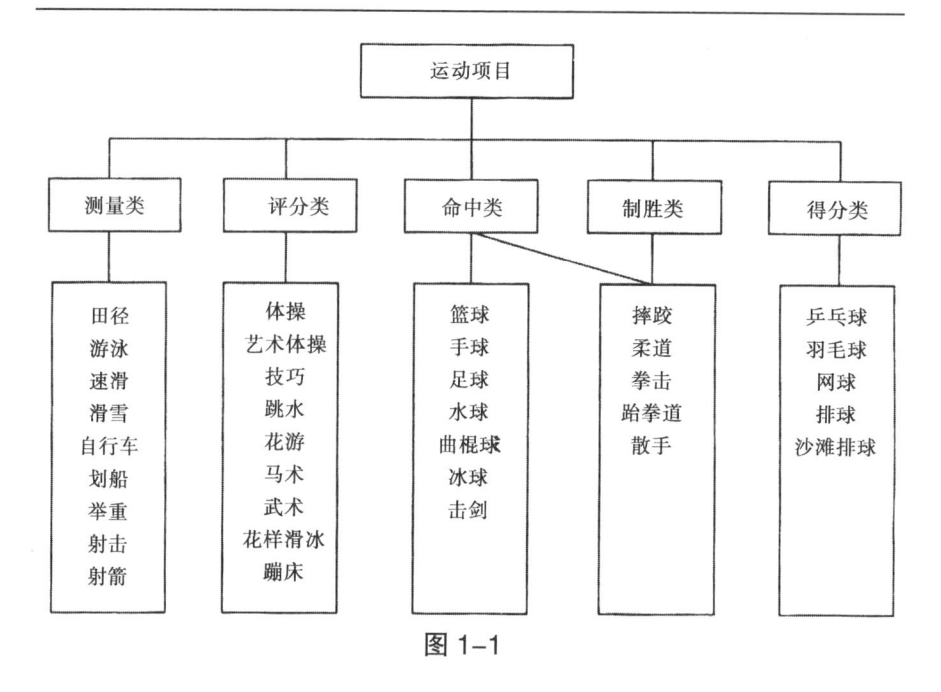

```
                            ┌──────────┐
                            │ 运动项目 │
                            └────┬─────┘
      ┌──────────┬──────────┬────┴─────┬──────────┐
   ┌──┴──┐    ┌──┴──┐    ┌──┴──┐    ┌──┴──┐    ┌──┴──┐
   │测量类│    │评分类│    │命中类│    │制胜类│    │得分类│
   └──┬──┘    └──┬──┘    └──┬──┘    └──┬──┘    └──┬──┘
```

测量类	评分类	命中类	制胜类	得分类
田径	体操	篮球	摔跤	乒乓球
游泳	艺术体操	手球	柔道	羽毛球
速滑	技巧	足球	拳击	网球
滑雪	跳水	水球	跆拳道	排球
自行车	花游	曲棍球	散手	沙滩排球
划船	马术	冰球		
举重	武术	击剑		
射击	花样滑冰			
射箭	蹦床			

图 1-1

1. 测量类赛事项目

测量类赛事项目的运动员,在比赛中所表现出来的竞技水平的高低可以客观准确地予以测量。测量指标包括速度指标(时间)、距离指标(远度与高度)、重量指标与环数指标。这一类项目的比赛成绩比较客观和准确,受人为因素的影响较小。

2. 评分类赛事项目

一般情况下,评分类项目主要由裁判员根据比赛规则确定的标准和方法对运动员在比赛中的成绩给予评分,按分数的高低排列其名次。在水上、陆上、冰上、雪上、床上(如蹦床)多种场地进行比赛的技能类项目都属于此类。这一类项目受人为因素影响较大。

3. 命中类赛事项目

命中类比赛项目,主要是计算命中对方防守的特定目标区域的次数,命中数多者获胜。例如,篮球的球筐,足球、手球、冰球、水球、曲棍球的球门,以及击剑、拳击选手身上的有效得分区都属计分的目标区域。大多数项目比赛中,命中一次得一分,在篮球比赛中,为了区别不同位置及不同条件下投篮命中难度的不同,每次投中分别可得 1～3 分。

4. 制胜类赛事项目

制胜类项目的比赛方法比较特殊。在一般情况下,与命中类项目一样,比赛中命中对手设防的特定区域即可得分,最后按得分多少决定胜负。但若在拳击比赛过程中出现将对手打倒在地定时不起或柔道中的一本胜利等情况时,则可判为绝对胜利,而不再看双方的命中得分记录。

5. 得分类赛事项目

隔网比赛的乒乓球、羽毛球、网球及排球均属于得分类比赛项目。依比赛中得分的多少判定比赛的胜负。比赛中的得分手段既包括运动员主动进攻,将球击落命中于对方设防的特定区域,也包括对方自己失误的送分。

(二)按体育赛事结果的比较方式分类

按照赛事的性质,可将其分为竞争类和对抗类比赛两种,其中竞争类项目可按其项目的特点,分为以时间、距离、重量、评分等指标来划分项目;对抗类项目可按同场或隔网、人数的多少来划分(表 1-1)。

表 1-1 体育赛事结果的比较方式对运动赛事项目的分类

类别	参数	项目
竞争类	时间	以少取胜:径赛项目、游泳、自行车、滑雪、速度滑冰、划船 以多取胜:航空模型
	距离	以大取胜:田赛项目、高台滑雪等 以小取胜:射击、射箭、定点跳伞等
	重量	以重取胜:举重、力量举等 以轻取胜:(暂无此类项目)
	分数	以大取胜:体操、跳水、花样游泳、艺术体操、武术、花样滑 以小取胜:健美、障碍赛马等

续表

类别	参数	项目
对抗类	个体	同场对抗：击剑、拳击、摔跤、跆拳道、散手等 隔网对抗：网球单打、乒乓球单打、羽毛球单打等
	偶体	同场对抗：地掷球双打、牌类的对抗赛等 隔网对抗：网球双打、乒乓球双打、羽毛球双打、沙滩排球等
	集体	同场对抗：篮球、足球、冰球、水球、曲棍球等 隔网对抗：排球、藤球、毽球等
	团体	同场对抗：击剑团体赛、棋类团体赛等 隔网对抗：乒乓球团体赛、羽毛球团体赛、网球团体赛等

（三）按体育运动赛事的方法分类

体育赛事项目种类比较繁多，依据体育赛事项目的特点，可将其分为以下几类。

1. 直接对抗性项目

直接对抗性赛事项目有篮球、足球、排球、手球、曲棍球、网球、羽毛球、乒乓球等各类球类项目和拳击、摔跤、击剑、柔道等重竞技个人项目。这类赛事项目比赛时，裁判员按照规则规定的条件来判断运动员的得分或失分，作为衡量比赛或成绩的依据，判断比赛的胜负。

2. 对比性赛事项目

一般来说，对比性赛事项目主要有体操、艺术体操、跳水、花样游泳、花样滑冰等。这一类比赛项目主要是要求运动员按规定条件和动作质量来完成比赛的技术动作，参赛者所表现出的动作难度、艺术感等都会影响比赛成绩的好坏。

3. 纪录性赛事项目

纪录性赛事项目有田径、游泳、举重、射击、射箭、划船、赛艇等。这类项目计算成绩有客观指标，以时间、距离、重量、命中率等作为具体指标评定运动员的名次，并设立世界和奥运会等各种不同等级的纪录。

4.综合性赛事项目

综合性赛事项目是将对比、纪录性等赛事项目综合起来而形成的一种全能项目,如现代五项,其中游泳、射击、越野跑为纪录性项目,击剑为对抗性项目,马术为对比性项目。这类综合性赛事项目将各种项目的比赛成绩根据规则规定的打分表,换算成分数,以分数来决定最终的名次。

(四)依据比赛不同对象与标准分类

(1)依比赛参加者的年龄,可分为儿童比赛、少年比赛、青年比赛、成年比赛和老年比赛等。

(2)依参赛者的行业,可分为职工运动会、农民运动会、军人运动会、学生运动会等。

(3)依参加者身体健康状况,可分为正常人比赛、残疾人比赛和智障人比赛。

(4)依比赛所包含项目的数量,可分为综合性比赛及单项比赛等。

(5)依比赛的组织形式,可分为集中组织的比赛和分散组织的通讯赛等。

(6)依赛事的制度化程度,可分为非正式的赛事、半正式的赛事、正式的赛事、职业赛事四种。

(五)依据体育赛事规模分类

选择体育赛事的类别作为分类标准,并根据赛事规模、水平与类别三者间的相互关系。将体育赛事分为以下不同类型:超大型综合赛事、大型综合赛事、单项顶级赛事、单项品牌赛事、单项商业赛事和一般赛事(表1-2)。

表 1-2 体育赛事不同类别的典型案例与主要特征

赛事类型	典型案例	主要特征
超大型综合赛事	奥运会、亚运会、全运会等	规模最大、水平高、影响最大、周期性明显
大型综合赛事	城市运动会、农民运动会、少数民族运动会、大学生运动会等	规模大、水平一般、影响大、周期性明显
单项顶级赛事	世界单项锦标赛,如世界杯足球赛、世界杯篮球赛、世界游泳锦标赛等	水平最高、规模大、周期性明显
单项品牌赛事	职业联赛,如 NBA、F1、意甲联赛、英超联赛、澳网公开赛、国际马拉松赛等	水平最高、规模一般、影响最大、赛事周期长、模式较多
单项商业赛事	如 NBA 中国季前赛、邀请赛、对抗赛、擂台赛等	明星效应突出,商业规模、时间、地点等随意性强
一般赛事	大众体育节、大众登山节、万人长走大会、龙舟赛等	规模大、水平一般、社会影响大、大众参与程度高

1. 超大型综合赛事

超大型综合赛事是指那些周期性明显,并影响举办城市和举办地区的整体经济,在全球范围内都具有巨大影响力的体育赛事,如全运会、亚运会、奥运会等。此类赛事的特点具体表现为:赛事的规模大、水平高,参与和出席的人数众多,媒体覆盖面大,公共财经参与度高,市场目标广大,对举办城市和地区能产生明显的经济效益和社会效益。

2. 大型综合赛事

大型综合赛事是指那些周期性明显,并在举办城市和举办地区产生较大影响,能产生较好经济效益的体育赛事,如城市运动会、农民运动会、少数民族运动会、大学生运动会等。此类赛事的特点具体表现为:赛事的规模比较大、水平比较高,受重视程度高。组织工作复杂,媒体关注度高,市场吸引力大,能产生较大的经济效益和社会效益。

3. 单项顶级赛事

单项顶级赛事是指那些周期性明显的世界单项锦标赛,如世界杯足球赛、世界杯篮球赛、世界游泳锦标赛等。此类赛事的特点具体表现为:赛事的名目多、水平最高、规模比较大,媒体关注度高,市场吸引力大,重视程度高,能产生一定的经济效益和社会效益。

4. 单项品牌赛事

单项品牌赛事是指那些周期性明显的职业联赛,如NBA、F1、意甲联赛、英超联赛、澳网公开赛、国际马拉松赛等。此类赛事的特点具体表现为:赛事的运作周期长,运作模式相对固定,水平最高、规模一般,媒体关注度高,市场吸引力大,能给主办地、举办地区带来一定的社会影响力。

5. 单项商业赛事

单项商业赛事是指由企业和中介公司组织举办、政府部门协调、媒体产业参与、提供赛事产品和相关服务产品的体育赛事,如NBA中国季前赛、"龙马之战"、邀请赛、对抗赛、擂台赛等。此类赛事的特点具体表现为:明星效应突出,商业运作明显,规模、时间、地点等随意性强,它以提高举办组织或企业的社会形象为出发点,以追求经济效益为目的,能满足不同参与者的需求。

6. 一般赛事

一般赛事是指类似大型赛事,规模和水平递减,能够吸引较多观众、媒体和产生一定经济效益的体育赛事,如大众体育节、大众登山节、万人长走大会、龙舟赛等。一般赛事的特点具体表现为:体育赛事的形式多样、规模大、组织机动灵活、参与人员广泛、市场亲和力强、易于推广,能给举办方带来较大的综合效益。目前,许多顶级国际体育锦标赛属于大型赛事,许多国家体育组织和政府,特别是体育经纪机构热衷于这种赛事,原因在于其具有潜在的市场吸引力,能带来一定的市场效益。

（六）依据比赛性质与任务分类

（1）运动会。不同参赛国家、地区或行业竞技运动实力的综合较量。特点是项目多、规模大，大多一年或几年举办一次。

（2）冠军赛或锦标赛。一定范围、一定规模的单项比赛。我国体育赛事将不同项目根据性质不同而分为一类、二类比赛。竞技体育管理部门更加关注的是全国一类比赛。

（3）对抗赛。由两个或两个以上单位联合举办的对抗性计分比赛，以促进强化性训练，提高专项水平为主要目的。

（4）邀请赛。一个单位主办，邀请其他单位参加的赛事。通常依主办者竞技发展的需要而举办。

（5）选拔赛。为选拔高一级比赛的参赛选手而组织的比赛。

（6）等级赛。按竞技水平或运动等级分别定期举行的比赛，如甲、乙级联赛等。

（7）友谊赛。为互相观摩、学习，提高竞技水平，促进友谊和团结而组织的比赛。

（8）表演赛。为举行庆祝或纪念活动，或宣传运动项目发展状况而组织的比赛。参赛者重在演示运动技巧，而不过分追求取胜。

（9）达标赛。为争取达到对竞技水平的特定要求而组织的比赛。有优秀运动员争取通过大赛参赛标准的达标赛，也有群众性体育活动中争取达到各种体育锻炼标准、各种考试标准的达标赛。

第二节 体育赛事的要素与特征

体育赛事特征鲜明，涵盖的要素众多，深入了解体育赛事的各种构成要素与特征，能帮助我们更加深刻地认识体育赛事的内涵，从而更加有针对性地促进体育赛事的发展。

一、体育赛事的四要素

(一)人力资源

人力资源要素可以说是体育赛事体系中最为基本的要素之一。体育赛事的成功举办离不开人的参与,没有了人的参与,体育赛事也便无法进行。人力是保证体育赛事顺利进行的必要条件。一般来说,体育赛事的人力要素主要包括主办组织、主办地区、赞助商和经费提供者、现代媒体、工作团队、竞赛直接参与者和观众等。

1. 主办组织

一般情况下,体育赛事的主办组织既可以是单项体育组织,又可以是综合性体育组织。以国际奥委会为例,国际奥委会既可以是政府体育部门,又可以是社会上的某个体育社团。但不管体育赛事主办组织者的来源如何,他们都是组织各类体育赛事的重要群体。

2. 主办地区

体育赛事与赛事主办地区之间的联系极为密切,体育赛事的举办能在很大程度上对主办地的社会经济、文化、自然环境等产生重要的影响,而主办地丰富的资源也能为相关体育赛事的举办提供各方面必要的支持。主办地区可以包括各种要素,如居民、商人、各种社会公共机构等。对各种体育赛事的研究发现,一般情况下,体育赛事组织者都会邀请地区政府部门的相关领导参与到体育赛事的管理之中,这对于体育赛事的顺利举办具有非常重要的意义。如举办大型体育赛事要求举办城市必须有良好的交通条件,这就需要当地警察部门的帮助,在体育赛事举行期间进行一定的交通管制,如此才能保证体育赛事的顺利进行。

3. 赞助商和经费提供者

体育赛事的成功举办离不开赞助商的赞助,因此体育赞助也是体育赛事市场营销的重要组成部分。发展到现在,体育赛事的赞助形式越来越多样化,赞助商通过对体育赛事的赞助也能获得一定的回报。

4. 现代媒体

在现代社会背景下,现代传媒手段越来越丰富,这催生了众多的媒体产品。因此媒体的发展也呈现出全球化发展的趋势,各式各样的现代多媒体手段为体育赛事的发展带来了新的契机,对于大部分体育赛事来说,现场观看比赛的观众要远远少于电视观众和网络观众,这种趋势越来越明显。例如,拳王争霸战等赛事,通过电视直播可吸引大量的观众,电视广告可大大提高企业赞助的回报率。总之,现代媒体已成为当今体育赛事发展重要的部分。

5. 工作团队

工作团队是指在体育赛事管理中,相互合作以完成各自的既定目标,由受雇职员和志愿者组成的正式群体。工作团队是体育赛事重要的组成部分,参与体育赛事的组织与管理。在体育赛事的组织与管理中,不论体育赛事规模的大小如何,每个人都起着重要的作用,因此加强工作团队的管理是非常重要的。

6. 竞赛直接参与者和观众

体育赛事的直接参与者主要包括运动员、教练员、裁判员、志愿者等,除以上参与者外,观众也是其中重要的一分子。其中,运动员是体育赛事的主体,随着体育赛事的逐步发展,教练员的地位也越来越重要,受到人们的广泛关注。可以说,运动员与观众之间有着密切的关系,如果运动员没有良好的发挥就不会吸引大量的观众,同样,如果没有观众的支持,运动员的发挥也便没有了意义。总之,以上各种要素都是体育赛事的重要组成部分,要加强各个方面的管理。

(二)物力资源

物力资源要素主要指的是确保体育赛事顺利进行的硬件设施,其中比赛场馆、交通设施、医疗设备等都是非常重要的几个方面。体育赛事的特点对物力资源要素的要求较高。通常情况下,不同规模的体育赛事所要求的物力资源要素也不同,这就需要体育赛事组织与管理部门及时地沟通与协调,加强物力资源要素的管理,否则对体育赛事的顺利举行是非常不利的。

(三)财力资源

财力资源要素也是体育赛事的重要构成部分,如果没有一定的财力支持,体育赛事是很难顺利举办的。在现代社会背景下,体育赛事的商业化越来越浓厚,在这样的背景下就需要充足的资金支持,只有良好的经济条件才能保证现代体育赛事的顺利举办。通常情况下,体育赛事的财力资源要素主要由赞助性资金和非赞助性资金两大部分构成,而随着时代的不断发展,财力资源要素将对体育赛事的举办起着极为关键的作用。

(四)技术资源

在现代科学技术高度发展的背景下,技术资源要素主要包括:网络技术、通信技术和相关软件技术等。在现代社会,这些科学技术正发挥着越来越重要的作用。科技被大量应用于体育赛事之中早已是司空见惯的事情。如奥运会、世界杯等大型的体育赛事都需要强大的科技做支撑,有时这些技术要素甚至决定着体育赛事的成败。

二、体育赛事特征的具体体现

（一）体育赛事目标的竞争性

可以说，人类的竞赛首先开始于最原始的身体素质竞争，而后发展到身体素质和运动技术技能的竞技，继而发展到人体科学、身体素质以及动作技术技能的竞技。这一发展过程可能会伴随着人体的发展过程而呈现出周而复始的螺旋式发展规律，只不过在体育竞赛未来的发展中会使人类在竞争中使自己的机能、体质以及适应能力等方面获得更好的发展。在竞争中的优胜劣汰现象体现了自然和社会发展的客观规律。

对于运动员来说，参加体育竞技比赛的目的都是取得最终的胜利。体育竞赛具有强烈的排他性，其竞争的结果是只产生一个优胜者。这就要求参赛者各方面要经过严格的训练，不断提高自身的体能、战术意识、心理水平、团队精神以及把握机遇的能力。体育竞赛所强调的公平竞争与奥林匹克精神所倡导的"重要的不是获胜，而是参与"二者之间是不矛盾的，该精神提倡的是参与竞赛的态度与前提，而不是追求竞赛的结果。如果仅仅只是具有参与竞赛的激情，而缺乏基本的拼搏进取意识，那么体育竞赛就毫无意义了。

（二）体育赛事目的的多元性

任何体育比赛都要决出胜利者，因此有成功就有失败，然而成功者只是极少数，但参加比赛的运动员都会拼尽全力去争取胜利，并将之作为参加比赛的最高目标。又因为体育竞赛所具有的对竞技体育特殊的作用和社会功能，使得参赛的动机具有一定的多重性和复杂性的特性。这种特性具体体现在以下几个方面。

第一，体育赛事的举办能加强国与国、人与人之间的沟通与交流，能有效加强彼此间的了解，缓解彼此的矛盾。

第二,体育赛事的举办有利于国家展示本国的综合实力,增强自身在世界范围内的影响力。

第三,体育赛事有助于国家或地区争得荣誉,有助于证实自我价值等。

需要注意的是,无论体育赛事要达到何种目的,其中最根本和最直接的目的仍然是获胜并取得优异的成绩,这是不可改变的。

(三)体育赛事的公平性

公平性是体育赛事的基本要求与特征,在体育赛事举办过程中,参加比赛的运动员必须遵守大赛的规则和秩序,在此基础上充分发挥自身的实力,进而获得比赛的胜利。如在举重运动中,依据体重可以分为不同级别的比赛,这就体现了公平的原则。而在某些比赛中,根据运动员的年龄分组也体现了公平性竞争的原则。在田径比赛中,具有具体而严格的规则要求,例如,对比赛方式和场地器材等都具有相应的规则要求,从而保证了所有参赛运动员都能够在同等条件下公平地进行比赛,充分体现了竞赛场上人人平等的准则。

一般来说,公平是相对而言的,没有绝对的公平。因此,所有运动项目的竞赛规则是逐步改进与完善的。例如,在篮球、排球等运动项目中,这些项目的运动员身高呈现出高大化的趋势,而亚洲篮联曾经向国际篮联建议,篮球比赛应根据运动员的身高来设置不同级别的比赛,但这一建议遭到一些篮球强国的反对,其原因是他们不想失去自己原本的身高优势,在这样的形势下,身体较矮小的运动员便很难参加高水平的篮球赛事。再如,田径比赛中投掷项目运动员也是不分体重级别的,这种情况使得体重较重者占据优势。综上所述,只有结合具体的实际发展情况,对比赛规则做进一步的修改和完善,才能体现比赛的公平公正性,才有利于体育赛事的发展。

在体育运动竞赛活动中,公正地进行体育竞赛的首要保证则是裁判员的公正执法。为使体育竞赛在公平的条件下顺利进行,裁判员必须做到严肃认真、公正严明、准确快速、团结协作。

(四)体育竞赛规则的制约性

竞赛规则是体育赛事的重要元素,参加体育比赛的双方必须要共同遵守竞赛规则才能进行比赛。在体育赛事举办过程中,体育赛事组织者必须要建立一个相应的、有效的赛事运行机制。这一运行机制对体育赛事的所有人员都提出了较高的要求,赛事所有参与人员必须要严格遵守比赛的既定规则。由此可见,赛事的规则对竞赛的进行起着重要的制约作用。可以说,体育竞赛若是离开了竞赛规则的规范和制约,将会影响到体育竞赛活动的正常发展,甚至导致体育竞赛规则向不健康、违反体育道德精神的方向发展。

竞赛规则具有重要的制约性,这主要表现在以下几个方面。

第一,为预防和避免体育竞赛过程中伤害事故的发生,在保证参赛运动员公平竞赛的前提下,又制定了许多为保证体育赛事正常进行的相关条款。在场地器材、硬件设施以及竞赛双方的运动方式和行为等方面,都制定了详尽的规则和条款。这些规则、条款对制约竞赛双方的伤害性动作,规范其运动行为均起到了十分重要的约束作用。

第二,为保证比赛的公平公正,体育竞赛规则还在禁止使用兴奋剂方面作了明确、详细的条款规定,并规定了检查兴奋剂的方式和方法,从而制约和规范了某些运动员因滥用药物而对身体造成伤害的现象,这不仅能纠正不良的风气和社会现象,也能保证体育赛事的健康发展。

第三,各竞赛项目的比赛规则对竞赛项目起到了良好的调控作用。例如,在足球比赛中,有时会出现球是否越过球门线的误判,于是引进了底线裁判和球门线技术,通过这一规则的修改,就会使得足球比赛越来越公平,有利于保证足球比赛的公平性、竞技性与观赏性。

第四，为保证体育赛事的精彩性与观赏性，结合体育赛事的特点，竞赛规则也要做出更为具体和精确的规定。例如，在有身体接触的运动中（篮球、足球等竞赛项目），竞赛规则还规定了身体接触的定义、正常的身体接触（合理冲撞）和侵人犯规的定义，判罚身体接触（侵人犯规）原则和方法的详细条款，从而对有身体接触竞赛项目的正常进行起到了良好的保证作用。

（五）比赛对抗的激烈性

在竞技体育比赛中，运动员所取得的运动成绩都是在体育比赛的竞争与对抗中产生的。在现代竞技体育高度发展的形势下，比赛的对抗激烈性越来越强，这主要体现在以下几个方面。

第一，在现代竞技体育高度发展的背景下，情报收集工作显得越来越重要，各运动队提高运动成绩的手段与方法往往很快就会被公之于众，先进的训练方法得到推广，致使运动队之间、运动员之间的对抗和竞争愈发激烈。

第二，现代科学训练水平有了很大程度的提高，过去被视为人类运动极限的成绩，在高水平训练的辅助下被相继打破，竞争越来越激烈。

第三，体育赛事能带来可观的经济效益，因此诸多国家纷纷制定相应的比赛战略来获取比赛的胜利。

第四，在体育比赛中获得胜利，运动员和教练员就有可能获得丰厚的物质奖励和殊荣，有时甚至一场比赛的胜负就可决定运动员、教练员的一生。

第五，在现代媒体快速发展的今天，媒体的宣传和操作，使得体育竞赛的激烈程度不断增强。这也是导致现代体育比赛愈发激烈的重要因素之一。

（六）竞赛过程的随机性

体育比赛的整个过程呈现出一种动态变化的特征，而这种变化是任何人都无法预料的,这就是体育比赛过程的随机性特征。在体育比赛中,运动员时刻观察比赛场上形势的发展,及时地采取必要的竞技战术手段来使比赛向有利于本方的方向发展,对方也是同样如此。这就构成了体育比赛竞技场上尖锐的矛盾斗争。

(七)赛事结果的不确定性

由于体育竞赛的特殊性,使得比赛结果具有不确定性的特点,可以说,即使竞技水平明显高对方一筹的运动队或运动员有时也会失利,这是不可避免的。这种情况在团体类的运动项目中体现得非常明显,在足球比赛中常会出现以弱胜强的情况。而比赛结果的不确定性也正是体育运动迷人的魅力所在。

(八)赛事成绩的可比较性

在体育赛事中,尽管各种比赛发生的时间、地点不同,但是对于同一级别、类型的国际运动竞赛或一场正式比赛,由于预先对运动竞赛的各种条件的严格规定和规范,使得各项目运动员在条件均等的情况下参加比赛,对于所创造的成绩是可比的。比如对运动员参赛资格的认定,包括运动员年龄、性别、运动级别、成绩资格等条件的限定,以及对比赛场地和器材、地理气候、裁判员水平、记录成绩的评定手段、竞赛规则执行标准等条件的认定。总之,以上所有参赛条件对所有运动员都是公平的。

(九)赛事信息的扩散性

随着竞技体育的不断发展,人们也越来越喜欢观赏高水平的体育竞技比赛,同时这也成为人们业余文化生活的重要组成部分。体育赛事具有信息扩散性的特征,主要体现在以下几个方面。

第一,人们密切地关注体育赛事的结果。
第二,现代化的信息传播手段方便快捷、精准、高效。
第三,体育社会化与商品化的需要,为公司和企业投资竞赛活动提供了条件。

第四,体育赛事职业化的发展,促使各类体育俱乐部联赛、大奖赛、系列赛的相继出现,为体育赛事信息的扩散增添了商业价值。

第五,现代体育赛事信息的扩散手段主要是依靠影视手段、语言手段和文字手段等。

第三节 体育赛事对举办地的影响力

一、体育赛事影响政治

自从体育赛事诞生以来,体育赛事与政治就联系在一起,成为政治的一种工具和重要组成部分,二者之间的关系极为密切。

总的来看,体育赛事对政治的影响主要表现在宏观和微观两个方面。在宏观层面,大型的体育赛事常常被某个国家用来展示特定的价值观念和意识形态;而在微观层面,体育赛事有时甚至被某个组织用来实现其政治野心或目标。以奥运会为例,奥运会的政治性是非常强的,在奥运会发展历史上也曾经发生过很多次政治事件,对于各个国家的诸多层面都产生了非常重要的影响(表1-3)。

表1-3 夏季奥运会中的政治事件

举办时间/年	举办地点	政治事件
1968	墨西哥城	南非被拒之门外
1972	慕尼黑	以色列代表团11名运动员被杀
1976	蒙特利尔	部分非洲国家抵制
1980	莫斯科	因苏联入侵阿富汗,部分西方国家抵制
1984	洛杉矶	部分社会主义国家抵制
1988	汉城	部分社会主义国家抵制

在奥运会发展历史中,发生了很多利用奥运会来提升本国政治形象的事件,如1964年东京奥运会和1972年慕尼黑奥运会就是如此。韩国也通过1988年汉城奥运会的举办来提高自己的国际地位。一般情况下,通过奥运会等大型体育赛事的举办,往往能吸引人们的注意力,提高自己在世界人民中的形象。

总之,通过体育赛事的举办,一个国家或地区能在很大程度上提升国际影响力,对于社会经济、文化等多方面的发展都产生了积极的影响。除此之外,体育赛事也能产生良好的社会凝聚力、自豪感和自信心,扮演着极为重要的社会角色,由此可见,体育赛事与政治之间的关系非常密切,体育赛事能影响一个国家或地区的政治发展。

二、体育赛事影响经济

体育赛事自诞生之初就与经济发生着某种必然的联系,本质上而言,体育赛事的出现是社会生产力发展的结果。体育赛事与经济之间是一种双向驱动的关系。体育赛事在发展的过程中也会产生大量的经济效益,进而推动整个社会经济的不断发展。在当前社会背景下,越来越多的政府官员开始认识到体育赛事对社会发展的推动作用,加强了体育基础设施建设,提高了当地赛事组织与管理部门的赛事组织水平。

以奥运会为例,奥运会对举办国经济发展的促进作用主要体现在以下几个方面。

(1)奥运会举行期间和结束后的各种商业活动。

(2)与奥运会赛事相关的科学技术方面的各项投入。

(3)赞助商的各种活动。

(4)奥运会场馆和奥运村的运营与管理。

(5)奥运会举办地居民与奥运会相关的各项开支。

(6)奥运会各种纪念品的发售。

(7)奥运会举办国政府所获得的经济效益。

但是，任何事物都有有益的一面，又有不利的一面。体育赛事在促进社会经济发展的同时，也会带来一定的不利影响，如体育赛事的主办城市将其他地区的资金、人才吸引过来，从而导致对其他地区经济资源的"抽夺"；另外，如果大型体育赛事无法有效推动当地经济的发展，将对城市的规划建设产生不利的影响。

三、体育赛事影响文化

文化是人类物质和精神财富的总和，在人类社会发展中扮演着十分重要的角色。纵观奥林匹克运动的发展，奥运会的举办都展示了举办国家独特的文化魅力，给世人留下了美好的印象，提高了其国际影响力。

体育赛事的举办可以说是极大地拓宽了人们的文化视野，影响着一个国家社会文化的发展。在2008年北京奥运会开幕式上中国古代印刷术、汉字等文化内容的展示，2012年伦敦奥运会上双层巴士等城市特色的展示以及2016年里约奥运会上桑巴舞的展示等无不说明文化这一要素在竞技体育运动中的重要性。可以说，体育赛事已远远超出了单纯的体育赛事范畴，而演变成为一种社会文化现象。

四、体育赛事影响社会就业

体育赛事规模有大有小，对于大型体育赛事而言，前期需要大量的准备工作，如奥运会这种超大型运动会，一般需要几年的时间来准备。除此之外，要想保证此类赛事的顺利举办，同时还需要有充足的人力资源，这样才能保证体育赛事相关基础设施的顺利建设，如兴建各种体育、交通、通信、服务等，这一过程中会创造大量的就业岗位。因此，体育赛事的举办可以为一个国家或地区带来大量的就业机会，促进国家或地区的稳定与发展。

五、体育赛事影响旅游业的发展

在体育赛事举办的过程中,大量的观赏者会前来观赛,这对赛事举办地旅游业的发展产生了重要的影响。一般情况下,旅游者除了关于赛事举办地的自然环境外,还重点关注赛事服务人员的态度和娱乐氛围等。因此,体育赛事组织者要密切关注旅游者的心理动态,做好体育旅游的营销与管理。总体而言,体育赛事对旅游产生的效应主要体现在以下几个方面。

(一)增加旅游者数量、支出及停留时间

体育赛事的举办往往更能吸引大量的旅游者,对举办地旅游业的发展产生较大的影响。据调查发现,持续10天左右的周期性赛事往往能取得较好的效果,这种赛事能给媒体、观众和旅游者营造一个舒适的空间氛围,有利于其产生良好的赛事体验。

一般情况下,超大型体育赛事的时间跨度较大,通常而言,这类赛事具有更好的支出优势,如奥运会、世界杯等。而小型的体育赛事则不具备这一特点,其必须依靠大量的赛前推广来吸引旅游者的注意力。

(二)延展旅游季节,拓展旅游市场

一般来说,旅游具有重要的季节性特点,在旅游淡季,一般经济收益受到很大的限制,而通过体育赛事的举办,集中精力大力宣传和推广体育赛事,能在一定程度上制造较好的旅游热点,吸引大量的体育旅游者,从而获得较大的经济收益。随着体育赛事的日益发展,利用赛事来延展旅游季节已成为大势所趋,如奥运会这种流动性较大的体育赛事,主办方通常将赛事举办时间安排在当地的旅游高峰时期,反倒加剧了旅游的季节性差异。

（三）激活静态吸引物和设施

大型体育赛事的举办能吸引大批游客前来参与,这主要体现在以下几个方面。

（1）在缺乏天然吸引物的地区,质量较高的体育赛事往往能吸引一定数量的体育旅游者,从而为赛事举办地带来不菲的经济效益。

（2）在天然吸引物和基础设施较好但使用率不足的地区,可以利用体育赛事来吸引旅游者。

（3）在天然吸引物良好但设施不足的地区,举办体育赛事旅游能刺激赛事地区加强城市的基础设施建设。

由此可见,体育赛事能够增加主办地的旅游收入,刺激主办地的经济增长。

六、体育赛事影响举办地的城市建设

具体来看,体育赛事对举办地城市建设的影响主要表现在以下两个方面。

（一）规避城市投资风险

在城市发展的过程中,基础设施建设非常重要,这关系到城市诸多层面的发展。如果没有一个良好的基础设施,不仅城市无法获得健康发展,申办大型体育赛事也是比较难的。一般而言,城市基础设施的建设水平是随着整个社会经济的发展而不断进步的。如果一个城市的基础设施投资慢于市场经济需求的增长,就会在一定程度上制约城市经济的发展,不利于城市的可持续发展。而如果城市基础设施建设超过了社会的真实需求,就会引发各种社会问题,同样不利于城市的未来发展。而通过举办大量的体育赛事,能有效促进城市基础设施建设,这对于推动城市的健康发展具有深远的影响和意义。

（二）改善人们的生活质量

大型体育赛事的举办离不开城市基础设施建设,而这些基础设施建设往往需要几年的时间来准备,这无疑对城市的发展是非常有利的,同时也能有效地提高人们的生活质量。城市的基础设施建设通常可以改善主办社区的环境和设施,激发该社区作为东道主的强烈动机。可以通过提高一个街区的环境和舒适度,来改善人们的生活质量,提高人们的消费水平。

在现代社会快速发展的背景下,服务和文化消费的比重越来越大,参加比赛和观看比赛就是人们文化消费的组成部分,举办各种类型的体育赛事可以丰富人们的消费内容和数量,提高人们的消费质量和水平。因此,大型体育赛事成为城市进一步发展的催化剂,可以说大型体育赛事在某种程度上间接地改善了人们的生活环境,提高了人们的生活水平。

七、体育赛事影响自然环境发展

体育赛事的成功举办,必须要具备良好的城市环境。因此,体育赛事主办地自从申办时就受到广泛的关注。作为体育赛事的管理者必须谨慎地考虑举办赛事可能对环境产生的冲击和影响。如人群流动和控制、噪音水平、交通和停车等都是需要考虑的重点。其他主要问题还有损耗、对自然的破坏、当地各种遗产的保护等。

在现代奥林匹克运动快速发展的背景下,竞技体育不断发展,国际奥委会也顺应体育赛事发展的潮流,对主办地的环境提出了明确的要求,这些要求具体有以下几个方面:研究奥运会对环境和社会的影响;降低奥运会对周围居民的不良影响;保护整个自然生态系统不被破坏;奥运会参与者要秉持环保的基本原则;奥运场馆等设施要使用节能设计和材料;保护和重复利用水资源;减少和避免浪费;尽量使用无毒且可重复利用的包装材料；观众只能乘公交车到奥林匹克运动会场地。以上这些要求既保证了体育赛事的顺利进行，又保护了举办地的环境，由此可见，体育赛事对举办城市的自然环境也能产生积极的影响。

第二章　体育赛事溯源及发展现状探析

体育赛事是伴随着社会生产力的发展而产生,并获得持续发展的,可以说体育赛事是社会生产力不断发展的产物。在体育赛事诞生之初,各个方面都不完善,欠缺必要的规则和秩序,而随着社会的不断发展和进步,各项体育赛事的规则逐步建立起来,形成了良好的体育规范,这对于体育赛事的顺利举办产生了至关重要的影响。本章就重点研究与探讨体育赛事的起源与发展现状,指出其发展中存在的各种问题,并预测其发展前景。

第一节　体育赛事的起源与发展历程

一、体育赛事起源

在挖掘体育赛事的起源之前,先来探讨人类原始社会的教育问题,因为在古代,教育与体育之间的关系非常密切,二者有着共同的源头。一般来说,从古猿到人类的转变大约完成于300万年前。它意味着直立姿势的确立、手脚分工、脑功能的发达和社群生活的进化等革命性的转变。在这个过程中,形成了早期的人类共同体——原始群、血缘家族。稳定的群居生活导致了旨在保存生产和生活经验的原始教育的产生。原始教育的主要内容是关于人际关系和劳动技能的知识,其重要形式是模仿。原始教育兼有知识、社会规范和动作技能技巧的学习及审美等多种功能,并且与劳动实践保持着密不可分的联系。由此可见,原始教育是教

第二章 体育赛事溯源及发展现状探析

育和体育发展的共同源头,教育在体育发展过程中扮演着十分重要的角色。

大约在旧石器时代中期,这一时期的生产工具较之以往显得比较复杂,人类不但能够打制多种石器,而且学会了制造骨器、飞石索和人工取火,劳动技能日趋复杂和精细,人类的思维和语言也获得了迅速发展。狩猎和采集劳动过程的原始宗教仪式的出现,表明了在时间和空间两方面与直接劳动过程相分离的早期身体练习的出现。

发展到旧石器时期,随着社会生产力的进步,人类学会了制造标枪、弓箭等复合工具。在母系氏族公社的繁荣时期,原始的农业、畜牧业、制陶业和纺织业都已经产生并获得了一定程度的发展,原始艺术、原始宗教在这一时期也迅速发展起来。生产劳动过程更加复杂,各种动作集中地表现在模仿劳动的各种游戏之中。这样,逐渐形成了多功能、多目的的运动形式,并被作为获得各种身体素质和学习生产生活技能的重要手段。

纵观世界上各个国家,少年儿童的游戏一般都与社会环境有着极为密切的关系,如狩猎与追逐游戏就是如此。例如,印度阿瑟姆以狩猎著称的奥拿加斯人的儿童即玩一种被称为"堵口"的游戏,在此游戏中,赛事者分为两队,一队扮演老虎,另一队扮演村民。老虎企图突破村民的圈子并将游戏中的牺牲品攫走。原始时代的儿童经由游戏学到许多关于如何做成年人的知识。这些游戏逐步成为一种程式化的竞技,其规则日益严密和完善,使之变为成年人也乐于接受的趣味无穷的游戏——运动赛事。

据史料记载,运动赛事活动的萌芽最早出现在东方。现存于巴格达博物馆的一尊大约于公元前2800年铸造的青铜像,是反映抱腰摔跤仪式的古老文物。约在公元前1800年镌刻在石碑上的表现狩猎、射箭、拳击、车赛的图画,反映了古巴比伦人竞技盛会的状况。在古埃及法老们的墓壁上,发现了角力时捕捉连续动作的若干图画。公元前15世纪创作的浅浮雕,已刻画了划船手比赛和追逐战车飞奔的战士。公元前的赫梯文译本,说明当时古印度也有了高超的赛马术。

纵观中国的历史发展进程,在远古时代就可见竞技活动的端倪。"凡执技论力,适四方,裸股肱,决射御",表明先秦已出现对抗方式的运动赛事。西周盛行"礼射",春秋战国时期流行赛马车。令人遗憾的是,东方古国的竞技萌芽一直未脱离军事训练、宗教祭祀、娱乐游戏而独立成形。而在古希腊,却出现了一整套的竞技体制。因此说,古希腊才真正出现了较为正式的运动赛事,使得古希腊文明绽放出耀眼夺目的光辉。

古希腊竞技体育的产生,除了有一定的地理因素外,与商业、对外贸易与对外扩张等也有着非常密切的联系。古希腊实行的是奴隶制民主政治制度,这比当时的东方奴隶制度先进得多。古希腊人承认人的伟大与崇高,古典世界观的主导思想是以人为本,人是主体,是标准,是世间万物的尺度;而神不过是理想的人,对神的赞颂实质上是对人自身的肯定。这样的观念,使得古希腊人对锻炼和炫耀自身强健的肉体、显示超群的运动能力表现出狂热的喜好。

伴随着历史的发展,古希腊人率先将原始的攻击本能侵犯性地渗入极富文化价值的大规模竞技活动中去。在一个多岛的海洋国家,内地土地贫瘠,需要到更远的海外寻求生计,从而促进了航海事业的发展。航海需要强壮的身体,航海本身也锻炼了强健的体魄。同时,对外扩张必然也引起各个城邦及有关国家的冲突,所以古希腊历史上战争频繁。从广义上说,战争是一种以生命和鲜血为代价,以领土和奴役为奖赏的残酷竞技。为了应付战争,形成了全民族锻炼身体的风气。古希腊大规模运动赛事的展开,背后实际上也潜藏着极大的功利性。

随着时间的不断发展,考古学家们的考查发现,早在公元前12世纪,古希腊奥林匹克山下就有一个村庄。公元前9世纪就已开展了敬奉宙斯神的竞技盛会。在中世纪的欧洲,社会被封建主义和神权主义所笼罩。在这种神权至上的思想统治下,人的作用被降至最低,古代基督教对竞技持反对态度,以致到了文艺复兴时期仍对古希腊竞技加以忽视。其间虽有骑士竞技和民间的娱乐竞技,也有一些项目的规则和赛事制度,但赛事规模都很小。同一时期的东方,如中国的马球比赛、日本的武士比赛等,也局限在某一阶层和很小的区域。

发展到16世纪,欧洲爆发了资产阶级革命,在这一时代背景下,"绅士体育"逐渐取代了旧有的传统竞技游戏。代表资产者的"绅士体育"在举办赛马、赛跑、拳击等比赛时。签订商业契约,搞彩标交易以赚取钱财。同时,组织狩猎,成立马术、板球、滑冰、划船之类的俱乐部,利用身体活动以享乐消遣。由于赛事中的赌博下注牵涉到经济利益,导致了早期运动赛事规则的制定。对于关心自己赌注的观众来说,准确记录时间、测量距离、评定成绩等都受到高度重视从而防止作弊。因此,从1709年起,开始正式公布赛马成绩、打赌条件和限制。1772年始,提前一年公布赛马的赛事大纲、规则及打赌的说明。整个规则的制定都源于赛马场上的经验,并由此推行到其他运动项目中去。1732年拳击比赛制定了《伦敦规则》,1946年划分了重量级和轻量级来实现公平原则。在赛跑比赛中,规定了不同距离。在板球比赛中,也制定了相应的分阶段赛体制规则,促进了许多传统项目的现代化。又如1830年西班牙国王设立了皇家斗牛场,确立了徒步斗牛的规则,取消了参赛者的出身限制。

资本主义大工业化生产,为现代竞技运动的蓬勃发展创造了良好的条件。在1850年以前,除英国之外,运动俱乐部寥寥无几。而过了短短的数十年,竞技运动已遍及全球。欧洲大陆于1875年在布达佩斯首次举办了按英国规则组织的田径比赛,欧洲人被自行车公路赛和赛车场赛的热烈场面所吸引。越野赛马、射箭、滑冰、滑雪赛事日渐风行。在澳大利亚,游泳选手的成绩超过了英国。在印度和巴基斯坦,盛行草地曲棍球比赛。日本用柔道比赛代替了粗野的武士摔跤竞技。足球在南美、澳大利亚和欧洲迅速发展为有组织的赛事项目。

美国19世纪末期竞技运动异常繁荣,校际校内比赛频繁。

在田径、棒球、橄榄球比赛中崭露头角的学生在学校享有较高的声誉。篮球、排球等项目被相继发明。纽约的田径俱乐部组织了最早的田径锦标赛（1868年室内，1876年室外）。1895年，在美国、英国的俱乐部之间最初的比赛中，美国在所有项目中获胜。直至今天，美国选手还在田径、游泳等许多项目中保持领先地位，是名副其实的世界竞技强国。

在体育赛事发展的过程中，场地、器材等事物的发展起到了重要的推动作用。进入到20世纪，科学技术不断发展，这使得以往用于体育赛事准备的运动场地、设施、器材得到较快改善，体育赛事的发展也日新月异，最为典型的事例包括田径场上铺上了煤渣跑道，设立了可挪动的栏架，运动员开始使用钉鞋和训练服，按照赛马的传统逆时针跑；拳击比赛使用了专用手套和围有绳索的拳击台，每一回合的时间有了规定；摔跤、举重等重竞技项目按重量分级；自行车的车轮材料日益更新，修建了内倾的赛车场；由于内燃机的发明和完善，出现了赛车和摩托车运动，1907年在英国举办了首次摩托车赛；薄冰刀钢鞋的出现，使滑冰分为速滑和花样滑，19世纪末，英国、法国等国家已建造了人造运动冰场；足球于1874年规定了直接任意球，1822年规定了边线球，1891年规定了罚球并给球门挂上网，1878年才出现裁判员，1891年出现巡边员，1895年出版的正式规则一直沿用至今；乒乓球最初是实心的，后来使用充气球和蒙皮纸球拍，1899年发明了赛璐珞球，那时比赛常在咖啡馆里举行等。

经过长期的发展，运动赛事开始逐渐走向社会。各国开始建立单项俱乐部和运动协会等团体，全国性的运动协会筹办赛事，制定统一规则、审查纪录、出版刊物。其后，在举办一些项目的国际运动会之后，各种单项的国际运动协会也开始诞生。这样，系统的专门训练随之兴起，医务监督也得到极大的重视。国际频繁的单项比赛，导致了综合性的现代奥林匹克运动会的产生。在奥林匹克精神的影响下，制定了首批长期使用的国际比赛规则，使运动项目在世界范围内流行传播，加速了运动设施的建设，促进了运动成绩的提高并将其作为人类的共同文化财富加以记录保存,竞技战术训练逐渐成熟,使各国各民族友好交往,极大地推动了人类体育与文化事业的发展。

综上所述,可以说体育赛事的起源渠道主要有以下几个方面。

第一,体育赛事由"游戏"演变而来。在产生之初,其主要目的是愉悦身心,体育只不过是一种比较高级的游戏,在玩的过程中人们就要"比试"一下,看谁玩得更好。此后,随着人们将更多竞技性的元素加入游戏中,使得其最终淡化了游戏属性,表现出了更强的竞技属性,如排球、篮球运动等。

第二,体育赛事是从人的需要发展而来的。人为了获得最基本的生活物质需要,就要想尽一切办法去得到,如跑得要快、跳得要高、战胜对手等,为此就要向年长的一代学习基本的技术,也就是现在所说的小步跑、高抬腿、后蹬跑等,这就是从大量的生产劳动和自然动作中分化提炼出来的一些有助于发展身体技能和能力的动作或练习。

第三,体育赛事为准备成年礼而进行系统的身体训练的出现,它标志着人体自身发展的自觉意识已初步产生。

第四,体育赛事是宗教仪式的重要组成部分,这种体育赛事形态标志了组织化的运动形式已经出现,这是最早赛事的雏形。

纵观整个体育赛事的发展历程,可知体育赛事发展过程中充满了曲折和困难,在这个发展过程中,无论是动物动作转化为人的动作,还是自然动作转化为身体练习动作,生产劳动都在其中起到了极为关键的作用。

二、体育赛事发展进程

(一)现代体育赛事发展进程

体育运动在发展的过程中,与社会各个方面都产生了密切的联系。正因如此,体育运动才能在各个历史时期获得持续性发展。

发展至现在,体育赛事已成为富有丰富价值内涵和文化教育意义的社会文化活动形式。

1. 现代奥林匹克运动会

1894年6月,在顾拜旦的努力和各种因素的推动下,法国巴黎举行了恢复奥林匹克运动代表大会。会上成立了国际奥林匹克委员会,并决定复兴奥运会。现代奥运会的产生是运动赛事史上的一个重要里程碑,它标志着体育运动进入了一个崭新的时代。

(1)国际奥委会及奥运会的有关规定

国际奥委会是一个国际性体育组织,是奥林匹克运动发展的最高权力机构。其总部设在瑞士的洛桑。现代奥运会受到古代奥运会的深刻影响,但它已不是祭神的竞技活动,而是真正的国际性的体育赛事,发展到现在,奥林匹克运动已建立了非常完善的组织机构,代表着体育赛事发展的巅峰。

奥运会的有关规定:奥林匹克旗帜为长方形、白底无边、中间有套联的五个彩色圆环。其含义是象征着五大洲的团结,以及全世界的运动员以公正、坦率的比赛在奥林匹克运动会相见。在奥运会的开幕式上,由主办国最著名的运动员代表全体运动员宣誓;之后裁判员也要进行宣誓。奥运会的奖牌分金、银、铜三种,分别授予赛事小项的前三名。从1932年开始,国际奥委会规定,夏季奥运会的时间不得超过16天,冬季奥运会不得超过12天(1988年第15届起改为16天)。自1992年以后,夏季奥运会和冬季奥运会相间举行,即冬季奥运会改为在奥林匹克周期的第3年举行。

(2)现代奥运会运动赛事项目的设置及发展

在第1届现代奥运会举行时,国际单项体育组织还很少,奥运会项目也没有严格的规定,基本上由东道国来决定。因此,在这样的背景下,奥运会项目极不稳定,甚至一些在世界范围内开展并不广泛的运动项目也加入奥运会大家庭中,如马球、拉考斯球、壁球等,这种情况是不利于奥林匹克运动稳定发展的。而后

第二章　体育赛事溯源及发展现状探析

来随着各种国际单项体育组织的建立,奥运会项目才逐渐趋向稳定并获得快速发展。

为促进奥运会的发展,以及促使奥运会与世界体育运动的和谐发展,国际奥委会规定,每一届夏季奥运会至少应包括15个大项才能举行。1963年,国际奥委会确定了这些夏季奥运会大项目的比赛顺序是:田径、游泳、摔跤、体操、举重、曲棍球、马术、击剑、赛艇、拳击、射击、现代五项、帆船、篮球、皮划艇、自行车、足球、排球、射箭、手球、柔道等21项。1972年到1984年,奥运会比赛大项一直固定为21项。第24届奥运会则有历史性的突破,增加了乒乓球、网球两大项目,使奥运会的大项目达23个。之后,奥运会比赛项目又适时增加了一些大项。

发展到现在,奥运会比赛项目一共设置35个大项,其中夏季奥运会有28个大项,即田径、赛艇、羽毛球、棒球、篮球、拳击、皮划艇、自行车、马术、击剑、足球、体操、举重、手球、曲棍球、柔道、摔跤、游泳、现代五项、网球、乒乓球、射击、射箭、排球、帆船、垒球、跆拳道和铁人三项;冬季奥运会有7大项:冬季两项、有舵雪橇、冰壶、冰球、无舵雪橇、滑冰、滑雪。近年来,国际奥委会仍在调整奥运会比赛项目。2016年巴西里约热内卢奥运会共设28个大项,306个小项比赛,高尔夫重返奥运会,七人橄榄球也加入奥运会之中。

近些年来,为使世界上开展最广泛的体育运动进入奥运会赛场,国际奥委会规定,只有在至少4大洲75个国家广泛开展的男子项目和在3大洲40个国家广泛开展的女子项目,才可列入夏季奥运会比赛项目;冬季奥运会接受新项目的标准是至少在3大洲25个国家广泛开展的项目。

2. 亚洲运动会

亚运会可以说是亚洲地区水平最高、规模最大的综合性运动会,同奥运会一样,也是每四年举办一届。早期的远东运动会是以中国、日本、菲律宾三国为主的亚洲局部地区的综合性运动会。

领导该运动会的组织是"远东奥林匹克协会"（1913年成立），后改称"远东体育协会"。远东运动会于1913年2月在菲律宾马尼拉拉开帷幕，以后轮流在中、日、菲三国的大城市主办，设有田径、游泳、篮球、排球、足球、棒球、网球7个项目，并设项目锦标和总锦标，远东运动会从1913年到1934年共举办了10届。运动会的赛事和组织得到了国际奥委会的指导而逐步规范化，对近代体育运动赛事制度和组织管理方法在亚洲的传播和发展起了积极的作用。1934年举办了历史上唯一的一届有印度、锡兰、阿富汗、巴勒斯坦参加的西亚运动会。远东运动会和西亚运动会对亚洲近代早期运动赛事的兴起与发展起到了特殊作用，共同构成了亚运会的基础和前身，后因日本侵华和第二次世界大战而解体。

1949年2月，在印度新德里正式成立了亚洲运动联合会（简称亚运联），决定在两届奥运会之间，每4年举办一届亚运会，项目一般不少于11项。田径、游泳为必设项目，亚运会由此诞生。1982年12月5日，在第9届亚运会闭幕之日宣告成立了亚洲奥林匹克理事会，取代了亚运联，亚奥理事会是对亚洲体育运动全面负责的唯一组织。目前，亚奥理事会已组织举办了15届亚运会，赛事项目逐渐增多，每届组织机构的策划筹备、操作实施等工作的组织与管理日趋规范，提高了其在世界上的地位和影响。

3. 其他运动赛事

除了国际综合性运动会之外，世界各单项体育组织还组织一些锦标赛、世界杯等形式的世界性大赛。有些项目的单项赛事，在全世界的影响也很大，如男子足球世界杯比赛、世界篮球锦标赛等。同时，随着现代社会的不断发展，世界各体育组织还举行各种形式的系列比赛、冠军赛、大奖赛、积分赛、邀请赛等规格较高的比赛。各洲地区性体育组织与世界性体育组织一样，也组织举办定期的综合性运动赛事和单项体育赛事。

（二）我国体育赛事的发展概况

新中国成立后,党和政府非常重视我国体育事业的发展。我国的运动赛事开始从以学校为主体向全民参与和高水平的方向发展。进入21世纪以来,我国举办和参加的大型体育赛事越来越多,我国的竞技运动水平和赛事组织与管理水平也明显上了一个台阶。

1.组织举办国内运动赛事

新中国成立后,体育运动赛事发展是从初期的全民性赛事活动中开展起来的。1950—1957年,为了响应我国大力发展体育的号召,国家开始大力兴建各种类型的体育场馆、体育院校,并颁布了与运动赛事相关的制度,这无疑对我国运动赛事的发展起到了重要的作用。

1958—1965年间,受当时历史因素的影响,我国的体育运动赛事的发展遭受到了重大挫折,各项体育赛事活动一度出现高指标和浮夸风,严重制约和影响了我国体育赛事的发展。直到1960年底,国家体委在"调整、巩固、充实、提高"的方针政策的指导下,及时采取了有针对性的措施和手段,才使得体育赛事逐步走上了正规,并且在这一时期举办了国内大规模的运动赛事——第1届和第2届全国运动会,这在一定程度上掀起了我国体育赛事发展的高潮。

受历史因素的影响,我国的体育事业在20世纪60—70年代遭到了严重的破坏,竞技运动水平急剧下降,体育赛事的种类和数量也降到了最低点。直到1975年,我国举行了第3届全国运动会,我国体育运动竞技成绩才有了一定程度的回升。

1977年后,随着竞技体育的发展,我国体育运动赛事体系逐步得到恢复,赛事活动范围和规模得到不断扩大,这极大地推动了我国体育运动水平的发展和提高。

20世纪80年代后,我国的体育运动赛事规模继续得到扩大。这一时期各种类型的体育运动会得以举办,如全国大学生运动会、全国少数民族运动会、青少年运动会、全国残疾人运动会、全国城市运动会、全国农民运动会、全国体育大会等,这些运动会大都囊括了所有的体育赛事,对我国体育赛事的完善与发展具有重要的意义。1983年和1987年举办了第5、6届全运会,之后,我国在北京、上海、广东分别成功举办了第7、8、9届全运会,从第10届全运会开始,国家体育总局出台了争办的有关规定,通过竞争,江苏省获得了举办十运会的资格并于2005年成功举办;第11届全运会于2009年在山东省举行;第12届全运会于2013年在辽宁省举办;第13届全运会于2017年在天津市举办。因此可以说,全运会的举办是我国体育界的一大盛事,对于我国体育赛事组织与管理水平的提高具有重要的意义。

体育赛事发展到现在,我国每年举办的各类型的比赛日益增多,既有国际比赛,也有国内比赛;既有综合性运动会,也有单项运动赛事等,这充分说明我国体育运动赛事进入了一个崭新的发展阶段,标志着我国体育赛事的发展迎来了一个美好的春天。

2. 组织承办国际运动赛事

随着我国经济水平的不断提升,我国的体育竞技水平和赛事组织管理水平也得到了一定程度的提高。据不完全统计,我国曾前后承办过田径、体操、跳水、游泳、乒乓球、羽毛球、举重、射击、篮球、排球、足球等重大的国际比赛,同时通过赛事组织者的精心组织与管理,也取得了较为理想的办赛效果。

在我国体育赛事发展的过程中,我国不仅承办了一些单项国际性重大比赛,而且也承办了许多国际综合性比赛。如1990年北京成功举办了规模空前的第11届亚运会,这届亚运会的成功举办向世人证明了我国举办大型综合性运动会的能力,让世人刮目相看,这届亚运会也成为我国承办重大国际运动赛事的一次重大突破。而2008年北京奥运会的成功举办更是证明了我国举办超大型体育赛事的能力。在北京奥运会的闭幕式上,国际奥委会主席罗格给予北京奥运会以"无与伦比"的赞誉,这对我国是一个极大的肯定。

进入21世纪后,我国广州市又成功举办了2010年第16届亚洲运动会。除此之外,北京和张家口又获得了2022年冬季奥运会的举办权,这一系列事件都充分证明了我国具备了承办国际综合性体育赛事的能力。

第二节 体育赛事的发展现状与存在问题分析

与国外体育产业发达国家相比,我国体育产业发展相对落后,还存在着诸多问题,尤其是表现在体育赛事方面,尽管近些年来我国举办了一些大型的具有国际影响力的体育赛事,让世人为之瞩目。但总体而言,我国体育赛事仍旧处于发展的低级阶段,还存在着大量的问题,亟需采取必要的手段和措施加以解决。

一、我国体育赛事的发展现状

(一)我国主要参加的国际体育赛事

1. 参加亚运会

1951年第1届亚运会举行,因新中国刚成立不久,我国仅派一个代表团前去参加。从第2届亚运会开始,亚运联坚持邀请台湾代表中国参加,从此中国与亚运会断绝关系长达20年,后来随着中国影响力的不断扩大,1973年在伊朗德黑兰举行的亚运联理事会特别会议上,以压倒多数通过决议确认了中华体总在亚运联的合法席位。

1974年,中国派出庞大代表团参加德黑兰第7届亚运会,获得了金牌总数第3名的好成绩。1978年第8届亚运会上,中国获金牌总数跃居第2位。1982年第9届亚运会上,中国代表团金牌总数超过了历届亚运会第1名的日本,首次居第1位,这是我国运动赛事发展史上的一个历史性的突破和转折。1986年第10届亚运会,我国再次获金牌总数第1名。1990年第11届亚运会在我国北京举行,中国取得了金牌183枚,占金牌总数的59%,金牌总数再次居第1位,并破1项世界纪录、创30次亚洲纪录和96次亚运会纪录。从此以后的第12、13、14、15、16、17、18届亚运会上,我国体育代表团取得的金牌数、奖牌数都远远超过其他各国代表团。2022年第19届亚运会将在中国的杭州举行,这将是在中国举办的又一次体育盛会。

2. 参加奥运会

1952年,新中国刚刚成立不久,我国仅派出了40人参加第15届奥运会,受各种客观因素的影响,最后仅有1人参加了游泳比赛项目。1954年国际奥委会确认了中华全国体总的合法席位,但由于国际奥委会的某些负责人企图制造"两个中国",1958年,中国奥委会宣布中断与国际奥委会之间的关系,中国不再参加国际奥委会组织的各项赛事。

随着我国综合国力的提升,1971年,我国在国际奥委会的合法席位得到了恢复,自此之后我国奥运代表团及奥运健儿屡创佳绩,受到世人的瞩目。

1984年7月,在第23届奥运会上,我国射击运动员许海峰夺得了射击冠军,从而实现了金牌"零"的突破,我国最终获得了15块金牌、8块银牌和9块铜牌,金牌总数列第4位,这一成绩极大地震惊了世界,是我国运动史上一次巨大的突破。从此,中国全面登上奥运会赛场,参加了1988年汉城奥运会(获金牌5枚、银牌11枚、铜牌12枚)、1992年巴塞罗那奥运会(获金牌16枚、银牌22枚、铜牌16枚)、1996年亚特兰大奥运会(获金牌16枚、银牌22枚、铜牌12枚)、2000年悉尼奥运会(获金牌28枚、银牌16枚、铜牌15枚,金牌列第3位)、2004年雅典奥运会(获金牌32枚、银牌17枚、铜牌14枚,金牌列第2位)、2008年北京奥运会(获金牌51枚、银牌21枚、铜牌28枚,金牌数列第一位)、2012年伦敦奥运会(获金牌30枚、银牌27枚、铜牌20枚,金牌数列第二位)。2016年里约奥运会(获金牌26枚、银牌18枚、铜牌26枚)。虽然在里约奥运会上中国体育代表团的成绩有所下滑,但仍然位居世界前列,这彰显出中国体育大国的地位。

3. 参加其他体育赛事

除了参加综合性的体育赛事外,我国还组织运动队及运动员参加了各种单项体育锦标赛和世界杯赛等,如田径世锦赛、世界杯、网球各项单打比赛等,并取得了一定的成绩。

随着各种大型体育赛事的举办,我国举办体育赛事的组织与管理的能力得到了迅速的提升,这极大地推动了我国竞技体育的发展,同时对于世界体育运动的发展也具有重要的意义和作用。

(二)我国体育赛事的类型与质量

由于审批权的取消,我国体育赛事出现了多样性的发展。像马拉松这种参与门槛较低的赛事也受到了人们的热情追捧。但随着马拉松赛事数量的增加,参与人数的增多,以及办赛方的不专业性,导致了在赛事活动过程中事故频发。赛事的质量难以得到保证。

(三)我国体育赛事IP盈利能力

知识产权,简称IP。体育赛事IP也就是赛事产权及其相关衍生产品,是体育产业的核心产品。随着移动设备的不断更新和传播媒介的升级迭代,人们对"内容"的需求也达到了前所未有的高度。从早年的网络文学,到后来的电视综艺和影视剧,如今又延伸到体育赛事,体育IP成为全民热点话题。体育产业的核心是IP赛事,但打造一个体育赛事IP,不仅要接受高投入、长回报周期的行业特性,还需要极强的资源整合能力和营销传播能力。但其效果并不尽如人意。以乒乓球为例,2015年,马来西亚世乒赛的收视率达到1.78亿人次观看,可是赛事变现能力却微乎其微;而即便是年均16亿的中超版权,在2015赛季中超转播的收入也不过7000~8000万元。

二、我国体育赛事发展中存在的问题分析

(一)经营管理理念相对落后

随着体育产业的进一步发展,职业俱乐部在我国兴起并获得迅速发展,其在体育赛事管理中扮演着越来越重要的角色。我国体育赛事管理中,政府占有重要的位置,虽然强调"政府主导,市场运营",但是在举办某些大型体育赛事时,政府的干预还是过强,这对于我国体育赛事市场的发展是不利的,因此,在今后需要管理者及时转变这种落后的思想观念,要以市场经济为主导,促进体育赛事产业的健康发展。

(二)缺乏高质量的体育赛事经营管理人才

我国的大型赛事大都由政府承办,在举办体育赛事时,往往会造成相应的资源浪费,经营管理效率相对较低。在市场化发展过程中,我国体育赛事市场经营中管理人员在文化素质、体育业务知识与经营管理水平方面普遍偏低,经营效益和服务水平则很难适应日益激烈的市场竞争的发展。

(三)体育赛事管理体制不够健全和完善

举国体制在特定的历史时期对我国的体育事业起到了巨大的推动作用,但随着现代社会的不断发展,这种举国体制逐渐显露出诸多弊端,其中对体育赛事发展的影响非常明显,它使得我国体育赛事市场发展缓慢,挤压了体育赛事市场配置赛事资源的空间。在举国体制下,通过行政手段来进行赛事资源的配置,从而挤压了市场进行资源配置的时间。

第二章　体育赛事溯源及发展现状探析

一般来说,大型体育赛事的主要收入来源包括出售赛事的电视转播权、商业合作伙伴、广告收入和门票收入等。我国大型体育赛事的举办多是在政府的推动下开展的,大型赛事的市场营销在一定程度上成为了政府的营销,大型赛事所需要的资金从何来?国有企业和地方民营企业多为举办赛事"买单",而大多数情况下,这些赞助商、合作伙伴、供应商的收入是要低于支出的。

(四)体育赛事经营效益评估不科学

由于我国体育产业市场的发展还很不完善,还存在诸多方面的问题,在这样的背景下,体育赛事经营管理者的素质都存在着较大的差异,一些经营管理者只注重追求自身的经济收益,而忽视体育赛事在其他方面的效益,如对当地经济的发展所起的推动作用、社会效益以及对人们精神文化方面的影响等,这种现象会对科学、全面、及时地评估体育赛事的经营效益造成严重的影响。若是不能及时、科学地对赛事进行合理的评估,也会影响对体育赛事的经营管理效果的总结,致使不能吸取前面体育赛事经营管理的成功经验和改正不足之处,并影响对以后举办体育赛事的过程中的改进。还会影响经营管理体育赛事水平的提高,不能带动其他产业的发展。

当前,我国体育赛事市场并未建立一个完善的评估机制,这就导致一些城市频繁举办各种大型赛事,这对于城市的未来发展造成了不利的影响。例如,北京市举办了各种各项的高水平体育赛事,包括赛事耗资巨大,乱象丛生。举办大型赛事虽然能够展现城市的能力,但是随着竞赛规模的扩大,其却逐渐成为了城市的负担。世界上很少有国家或地区在短时间内举办数量众多的体育赛事。赛事举办时,需要必备的场馆设施,还有大量的人群涌入城市,给公共服务带来沉重的负担。例如,北京市在举办马拉松赛时,封堵相应的公路赛道,影响人们的正常生活;在奥体中心举办大型赛事时,也有限流、封闭奥体中心地铁站的先例。

由于赛事的频繁举办,给人们的日常生活带来了不便。2010年广州亚运会的闭幕式上,出动的安保力量达到5万人次,在临江大道实行交通管制,除了持有亚运会闭幕式专用车证的车辆外,禁止其他车辆通行,这对于人们日常生活的影响可想而知。

除此之外,一些地方政府往往会夸大赛事的综合效益,其目的是吸引投资,保证大型赛事的顺利举办。举办大型体育赛事,政府会进行大量的投入,还包括各种隐性的支出,这与当地居民在一定程度上竞争着社会公共资源。很多省市的政府在举办大型赛事时会欠下大量的债务,最终增加了纳税人的负担。①

(五)体育赛事相关政策相对匮乏

在体育赛事市场经营管理方面,我国还欠缺必要的保证体育赛事市场发展的政策与文件,已有的一些文件与法规也欠缺专业性,这对于我国体育赛事的发展是非常不利的。因此,只能借助相关的规章制度来规范体育赛事的市场行为。除此之外,体育赛事市场经营方面还存在着执法不严的问题。制定相关的政策和法规是为了规范赛事中的行为,执法不严则会严重影响到法规职能的执行和实施,不利于体育赛事市场的经营与管理。

第三节 体育赛事的发展前景探讨

随着现代社会经济的不断发展,体育赛事也有了良好的物质与环境保障,在这样的形势下,体育赛事可谓拥有良好的发展前景。在体育赛事未来的发展中,应结合时代发展的要求,与时俱进,采取以下策略推动体育赛事的进一步发展。

---

① 董杰.中国举办大型体育赛事存在的主要问题、原因与对策[J].体育与科学,2012(3):42-51.

一、以市场为主导,政府监督为辅

取消商业性和群众性赛事审批,能在一定程度上减轻繁琐的程序,有利于我国体育赛事的发展。但取消赛事审批制度之后,政府在其中也要做好监管者的治理角色。因此,就简政放权而言,绝非放任自流,而是要注重后续的监管不缺位。因此,体育赛事的举办要以市场为主导,满足人们多样化的体育需求,合理分配体育赛事资源。同时,政府还要做好必要的监督工作,确保体育赛事安全、顺利的举办。

二、努力提升赛事的综合质量

体育赛事发展到现在内容越来越丰富。单一的体育赛事已远远不能满足人们的需求,人们开始追求赛事过程中的娱乐性。但在赛事举办的过程中,赛事的质量显得尤为重要。赛事质量的最基本的表现是参赛人员安全的保障。

三、谨慎投资 IP 赛事,要把握办赛的基本原则

在体育产业发展的过程中,核心内容是 IP 赛事,而与国外体育产业发达国家相比,我国体育产业核心的盈利能力比较薄弱,因此在投资 IP 赛事时不能盲目,要遵循一定的原则,并结合自身的特色和实际制定科学、合理的方案。一般来说,投资的 IP 赛事要注意以下几点要求:第一,赛事是否符合体育运动发展趋势;第二,赛事是否符合需求层次理论;第三,赛事是否符合中国文化及当代人的信仰;第四,赛事是否具有商业开发机制等。

第三章 体育赛事管理体制的发展与探索

体育赛事是一个复杂的系统,系统内包含众多要素,而要想保证体育赛事系统的顺利运转就需要有一定的组织与管理体系,只有建立在科学的管理体制基础上,体育赛事方方面面的发展才有基本的保障。本章就体育赛事管理体制的发展情况做出具体的研究与分析,并提出可行性的发展策略。

第一节 体育赛事管理体制与运行机制

一、体育赛事运作主体

(一)赛事主体

一般来说,体育赛事经营管理的主体主要包括以下三个部分。

1. 主办单位

发展到现在,各种大型的体育赛事不断涌现出来,深受人们的关注。而这些大型体育赛事的开展,则需要相关的体育组织授权。通常来说,这些体育组织一般都具有非政府、非营利性等特点。在体育赛事中,可以根据比赛项目将其划分为各单项体育协会和综合性体育组织,如国际奥林匹克委员会、国际足球联合会等;也可根据体育组织的级别将其划分为国际性体育组织、洲际性体育组织和地区性体育组织,如国际足球联合会、国际篮球联合会、世界排球联合会等都属于国际性体育组织,亚洲篮球联合

第三章　体育赛事管理体制的发展与探索

会属于洲际性体育组织,而中国足球联合会则属于地区性体育组织。这些都是具有主办体育赛事、体育赛事的商业开发和市场经营权利的体育组织。

2. 承办单位

一般来说,主办者的下一级单位被称为体育赛事的承办单位。承办单位承办相关体育赛事需要调查民意,在获得群众支持后,还要充分研究承办体育赛事的可行性,然后向主办单位提交相关申请材料,如果承办单位获得了承办权,那么它就取得了承办体育赛事的法律依据,同时也享有了相应的体育赛事市场开发的权利,并可以对体育赛事进行经营运作。

3. 协办单位

协办单位是指那些与体育赛事具有密切联系的组织机构,其主要的职责为负责赛事举办的各种具体工作,如提供比赛场馆、协调交通、安排运动员食宿等。在体育赛事市场化运作与管理过程中,需要通过招标的形式由专业的体育赛事经营公司来进行经营运作,同时还有赞助商、媒体、中介机构等相关组织的参与。

(二)体育赛事工作规范

一个良好的体育竞赛制度体系能确保体育赛事活动安全、顺利地进行。一般来说,可将各类体育赛事按性质分为综合性运动会、行业(系统)运动会及各类单项运动竞赛等。对各种竞赛进行分类管理是国家进行宏观管理的重要基础。我国现行运动竞赛制度具有约束力、强制力等一般特点,与其他社会经济制度相比还具有一定的目的性、针对性、社会效益性等特征。

(三)体育赛事工作的基本内容

(1)硬件设施。硬件设施主要包括以体育场馆设施为主的基本物资,其是赛事开展的基础。主要是对场地、器材等的准备工作,管理者应进行监督和检查,确保硬件设施的质量。

(2)软件设施。软件设施主要包括场馆的信息传递和网络系统。现代运动比赛中,软件设施是尤为重要的,其是保证赛事及时性和快速性的重要基础。良好的软件设施准备工作能够快速将赛事信息传递给相应的媒体,并保证赛事信息的准确性。

(3)其他准备。其他准备主要包括安保、交通、服务人员等,对其进行培训是尤为必要的,是体育赛事顺利开展的重要保证。

(四)体育赛事工作程序

总的来说,体育赛事管理工作程序主要包括:成立组织机构;场馆、设备、器材的准备;报名、注册;竞赛编排;技术代表、技术官员的选派以及培训;成绩统计、公告;颁奖;竞赛服务工作,包括住宿、迎送、食品、卫生等。

一般情况下,体育赛事工作程序主要受国家赛事制度的影响,赛事管理制度明确了各赛事主体在赛事工作中需要做什么以及怎么做。

二、我国体育赛事管理体制

我国的运动竞赛组织体制是政府领导下的一种条块结合的管理体制,其特征是以国家体育总局管理为主,发挥体育总会、行业协会等社会体育组织的辅导管理作用。运动竞赛组织实行分级比赛、分级管理的综合型管理体制。这种管理体制决定了我国大部分体育赛事的运作主体是国家体育总局,各级体育行政部门具体承办体育赛事。我国竞赛体制决定了赛事运作的主体。这种格局安排对于赛事运作是非常重要的,谁是赛事主体直接影响到赛事的运作与管理水平,更是直接影响到体育赛事的质量。

体育运动项目管理中心和体育运动协会共同进行赛事的管理。体育运动项目管理中心是体育运动项目的主管部门,经营管理本项目事业的发展是其主要职能;协会通常是由非官方的社

第三章 体育赛事管理体制的发展与探索

团法人组建而成的,具有经营管理体育赛事项目与市场运营的职能。体育项目管理中心与项目协会两者重合时,必然会导致政企合一的经营管理体制。开发部和附属公司是现有一定市场的体育运动项目管理中心均设有的组织。这些公司一般都是在体育运动项目管理中心的经营管理下进行经营和运作;体育赛事运动项目管理中心是全国性体育赛事与体育职业联赛的所有者,同时拥有赛事的主办权和经营权;具有管理全国性的体育赛事,领导经营开发、进行市场运作的权力,因此形成了集体育运动项目管理中心为一体的赛事运行机制。

随着时代的不断发展,全球进入一体化发展时代,在这样的时代背景下,我国的体育赛事相比以往也出现了一定的变化,国家办与社会办相结合的形式不断涌现出来,逐渐形成了一个多方位、多元化、多层次的体育竞赛体系,这对于我国体育赛事的发展,提高我国体育赛事市场的国际竞争力都具有深远的影响和意义。

三、体育赛事运营的基本模式

(一)赛事组委会负责整体赛事运营

在举办一些超大型的体育赛事时,一般由政府牵头,成立相应的赛事委员会,其下设各种工作部门负责赛事的运营。这一模式的特点为政府深入运营,组委会的工作部门为政府的人员,赛事的各种资源也受政府的调控。

一般来说,体育赛事组委会下设多个部门,主要包括:办公室、竞赛部、接待部、国际联络部、新闻宣传部、配套保障部、安全保卫部、财务部、市场推广部、大型活动部、志愿者工作部,以上这些部门共同负责赛事组委会的各项工作,其目的都是保证体育赛事活动的顺利举办。

(二)国有资产背景的企业集团成立赛事运营公司

我国是一个社会主义国家,有利于集中力量办大事。在这样的背景下,诞生了一种独特的运营模式,即具有国有资产背景的企业成立相应的赛事运营公司,政府对其提供必要的支持,由赛事运营公司来开展相应的赛事活动。这一模式的特点为政府推出实际操作层,而转为在宏观上对赛事运营进行支持。由于运营公司具有国有企业的性质,这方便政府进行调控。在成立相应的运营公司时,政府也会成立相应的组委会对其进行协调与管理,这种模式在某一时期起到了重要的作用。

(三)体育局通过委托代理的方式聘请体育经纪公司运营赛事

由体育局承办,体育局通过委托代理的方式聘请专业的体育经纪公司运营赛事。这种模式的特点主要是政府通过合约的方式将赛事运营业务外包,合同中明确规定政府在赛事运营中的责任,除此之外,政府只负责对委托代理方进行监督。政府在委托代理合同中的责任主要表现在以下几个方面。

(1)确认体育经纪有限公司活动方案中的所有细节,并以书面形式予以认可。

(2)按照双方确认的方式和金额支付活动费用。

(3)提供本次活动中所需的相关方人员联系方式和活动中体育经纪有限公司所需的其他信息资料。

(4)提供本次活动的政府审批文件。

(5)验收体育经纪有限公司工作标准及方式等。

以上属于我国体育赛事运营的五种模式,通常情况下,影响力大、规模大的体育赛事主要采用第一种模式,企业运营相对较为困难,需要政府进行资源的多方面的整合。当举行一些大规模、具有市场前景、运营成本较大的赛事时,由于风险相对较高,则采用政府成立赛事运营公司的形式。规模相对较小并且市场前景

第三章 体育赛事管理体制的发展与探索

较好的赛事一般企业会有投资的意向。

四、我国体育赛事的具体运作模型

我国体育赛事的运作模型主要包括：赛事启动（选择、可行性研究、申办、策划创造）、计划组织（项目方案的制定）、实施、赛事调控（评价）、赛事结束（图 3-1）等内容。以上内容构成了我国体育赛事的运作体系，体育赛事在运作管理的过程中可以根据这一流程或模型制定相关策略。

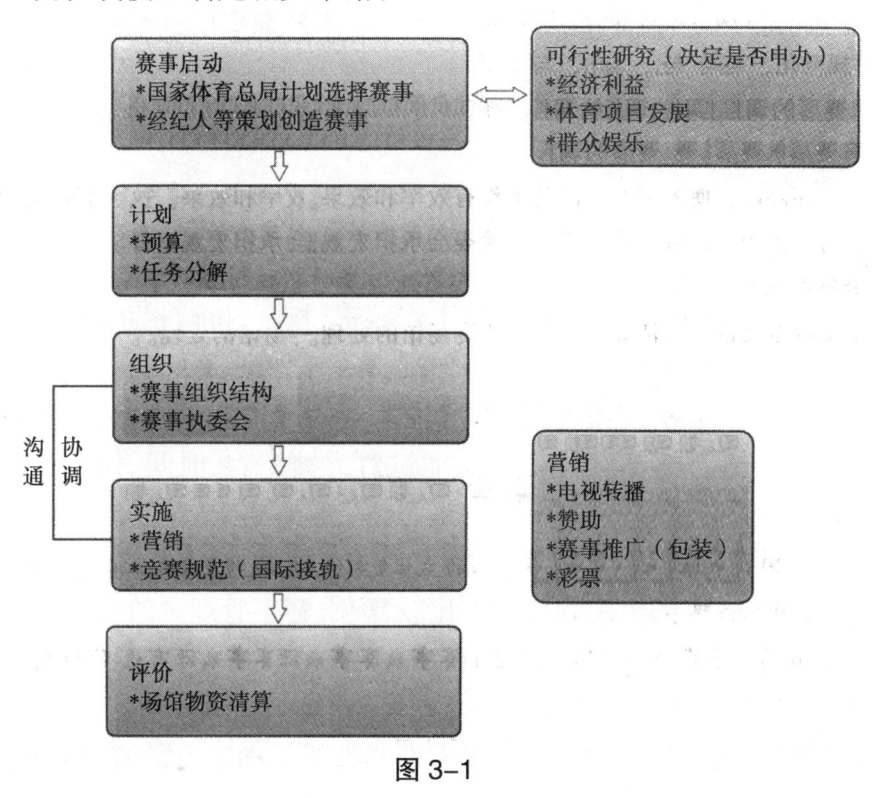

```
赛事启动                    可行性研究（决定是否申办）
*国家体育总局计划选择赛事    *经济利益
*经纪人等策划创造赛事   ⇔   *体育项目发展
                            *群众娱乐
        ↓
     计划
     *预算
     *任务分解
        ↓
     组织
     *赛事组织结构              营销
     *赛事执委会                *电视转播
        ↓                      *赞助
     实施                      *赛事推广（包装）
     *营销                     *彩票
     *竞赛规范（国际接轨）
        ↓
     评价
     *场馆物资清算

  沟通 协调
```

图 3-1

第二节 体育赛事组织与编排

在体育赛事管理体系中，赛事组织与编排是核心内容，作为体育赛事的管理者一定要掌握基本的赛事组织与编排的基本知识,事先制定好必要的编排方案,按照既定的比赛方案组织比赛。

一、体育赛事活动的组织

(一)体育赛事活动组织内容

体育竞赛活动组织是体育赛事管理的核心,整个体育赛事的举办,不仅包括运动员,还包括裁判员、观众、志愿者、新闻媒体以及赛事管理者等,这些人员共同推动着体育赛事的进行。从本质上来讲,体育竞赛组织管理活动就是对运动竞赛活动进行管理,不断提高体育竞赛产品的质量,从而最终达到体育竞赛的目的和目标。

通过有秩序的组织与采取相应的管理手段,可以有效地实现体育竞技训练的目的与体育竞技比赛的既定目标。各级体育竞赛的组织机构通过确定各自的工作职责、权限,协调相互关系,促使体育竞赛管理资源实现合理的配置,最终形成系统功能效益与效果最佳的体育竞赛环境,并完成比赛的过程。由此可见,体育竞赛的组织与管理实质上就是通过对人、财、物、时间、信息等体育竞赛辅助资源的合理配置和组织,最终形成最佳体育比赛环境并完成比赛最终目标的组织过程。

体育赛事的组织管理工作比较复杂,赛事管理者的管理水平高低将直接关系到竞赛任务能否顺利完成以及参赛者运动水平能否得到充分发挥。因此,根据现行竞赛制度,科学地、有计划地组织好相关项目的竞赛活动对于发挥教练员和运动员的积极性、提高运动技术水平、达到预期竞赛目的都具有非常重要的意义。

一般情况下,体育赛事活动的组织主要包括以下基本内容。

1. 配备人员、设定组织方式

在具体组织重大的体育竞赛活动之前,组织者首先需要对组织系统内部的人力进行统筹安排与设计,这就是配备人员建立组织管理机构的过程。

(1) 配备人员

配备人员具体包括数量配备与质量配备。前者是从数量方面满足既定工作任务对人力的需要,解决具体人数配备的问题,应该注意以各类工作人员的工作定额为设计基础,各类工作人员的配备数量等于各自承担的工作总量与工作定额之比;掌握任务、人、财、物之间比例关系的规律;所配备的具体人员数量应该以不同地区具体有代表性的平均数为准。除此之外,还应该兼顾各种不同的情况,做到有针对性地区别对待。

(2) 设定组织方式

设定组织方式就是要在质量方面保证所配备的人员可以充分胜任工作任务,妥善处理好人员配备的问题。质量配备要从人员素质个体结构和群体结构两个方面进行优化配备。

2. 建立工作规范

建立工作规范是竞赛管理组织者优化运行的基本保证。在体育赛事管理的组织实施过程中,必须要建立起各类岗位职责、工作流程、考核与奖惩制度等。确定各部门的基本职责及工作范围。基本职责就是指所承担目标任务,工作范围即所管辖的界限。在将目标计划分解落实到各部门的基础上,制定出各个部门的责任制,使其有所属,同时收到分工合作的效果。各部门应该努力创造条件,认真履行自己的职责,完成自己的使命,遇到问题不推诿不推脱,在明确自身职责的同时还应该规范其相应的权利,从而做到权责相配。

在赛事管理中,各部门的任务与责任应该具体分解到各个岗位,每个岗位有各自必须履行的相应责任。每个人在组织内所处的地位不同,所担负的责任也有所差别。岗位责任制是根据每人的职责范围与分工,从上到下层层建立起来的,最终落实到每个人身上。组织过程中每个人职责的总和就构成了组织活动的全部。

体育赛事中的各项工作应制定一定的衡量标准,应该明确规定完成的数量、质量以及完成的时间等内容,这样有助于进行具体的执行与考核。除了具体的工作职责、岗位责任以及标准之外,还应该有严格有效的考核与奖惩制度,只有这样才能及时了解赛事组织情况,确保体育赛事活动的顺利进行。

3. 授予权利

授权就是指上级给予下属一定的责任与权力的过程,从而使其下属在一定的监督之下处理问题时具有一定的自主权。在实际授权过程中,还需要遵循一定的授权原则。

(1)权责对等原则,应该使权力与责任两者一致。

(2)责任绝对原则,即"授权留责",分权而不放任。

(3)目标原则,即授权应该围绕既定的目标,按照预期的成果来进行。

(4)边界原则,即所授之权应该明确规定其实施范围与等级层次的界限。

(5)控制原则,即将所拥有的权力委任给下级的同时,上级授权者应该实行统一指挥与监督控制,保证适度的干预,不能放任不管。

4. 总体指挥

总体指挥就是指体育竞赛组织者对运行全过程的各项具体工作环节进行领导与指导。正确有效的总体指挥对于组织运行具有非常重要的作用。一般来说,体育赛事的总体指挥需要注意以下几点。

(1)建立科学有效的指挥系统与信息网络控制系统。

(2)正确运用指挥者的指挥权力。

(3)充分了解体育赛事的管理环境。

(4)应该懂得管理经验与艺术的结合,对整个体育赛事实施有效监控。

（二）体育赛事活动组织形式

正规的体育竞赛的组织工作是以体育部门为主体、其他有关部门密切配合进行的，组织委员会制是常见的组织形式。大型综合性运动会不仅要设组织委员会，而且一般都应下设单项竞赛委员会。在我国大型综合性运动会组织过程中，当地政府及其各有关职能部门都是非常重要的因素，各部门之间亦都具有相互联系并相互作用的工作范畴。要确保大型赛事活动组织程序和环节的一体化，大会组委会必须由当地政府一级主管行政领导担任组委会主任，主办单位和承办单位的有关领导人为组委会副主任，委员中要吸收包括体育部门的各职能机构的领导、协作单位职能机构的领导、各单项竞委会的主任以及与本届运动会有关的新闻、服务、公安等单位负责人及部分有代表性的参赛单位负责人等。组委会的成员组成视运动会规模而定。组委会一般设主任委员一名，副主任委员若干名，秘书长一名及委员若干名。单项竞赛中的组委会组织形式除规格不同外，其人员构成范围与综合性运动会的组委会大致相同，有时参赛运动队的领队也担任组委会成员。不论是大型运动会中的组委会还是单项运动竞赛中的竞委会，都是全面领导运动会或单项竞赛各项工作的最高领导机构。

1. 高层次（大型）体育竞赛的组织形式

不管是哪一级体育部门承办高层次体育竞赛，即省、直辖市、自治区、全国、国际比赛，都应该由主办单位首先提出基础方案，包括大会经费来源、竞赛规程、竞赛规模等，之后由承办者提出可行性意见，在得到当地政府主管部门的同意之后便可以正式承接比赛。接受承办任务后的单位应该在政府主管行政负责人的主持下，召集与本届运动会将产生直接工作关系的政府各有关部门领导参加运动会业务协调会议（如果是国际比赛，还应该有外事部门的领导参加），以便于比赛得到本地区各部门的支持，如在宣传、治安秩序、交通、食宿安排等方面给与配合和保证。上级主办单位对运动会的组织工作有参与、指导的义务,对专项业务实施具体的指导和监督,并根据竞赛性质和运动会规模下拨全部或部分竞赛经费。

另外,在比赛正式开始之前,上一级主办部门还应该根据实际情况与承办单位协商制定、颁发有关竞赛的补充规程,承办单位负责协助执行并制发补充规程的通知。在执行过程中,规程的修改权与解释权均归上级主办单位。如果是国际单项比赛,除了行政事务管理外,所有技术方面的规定都应该获得国际单项体育组织的批准,主要包括有关技术问题的解释权均由该组织的技术代表予以解释。

2. 普通单项竞赛的组织形式

由各级体育部门或行业、系统组织主办本地区或本系统范围内,为检查训练效果所举行的竞技体育年度竞赛及其他辅助性竞赛活动,均由本单位主管领导牵头统一指挥,并由本单位所属的具体职能部门负责对运动会的竞赛、宣传、保卫、后勤等各项工作进行组织与实施。这类竞赛通常仅限于本地区或者本系统,参赛单位和人员均在所属范围内,业务管理及竞赛经费独立承担。组织机构由本单位或本系统的各职能机构的工作人员组成,上一级业务部门通常不派人参加组委会的工作。竞赛规程从制定到颁发及在执行中对其修改和解释都由主办赛事单位的竞赛主管部门负责。

(三)体育赛事活动组织程序

体育赛事管理就是不断提高竞赛工作的功效所进行的计划、组织协调、控制等一系列的综合活动,即通过对竞赛进行有效的组织与管理,并最终达到竞赛组织工作目的。竞赛管理是运动会组织工作最重要的部分,在进行组织与管理的过程中,一定要把握竞赛组织工作的基本规律,并遵守一定的原则。

一般情况下,大型综合性运动会或单项竞赛的组织程序具体包括三个主要阶段与一个辅助性工作阶段,即组织准备、组织实施、综合协调与总结(图3-2)。

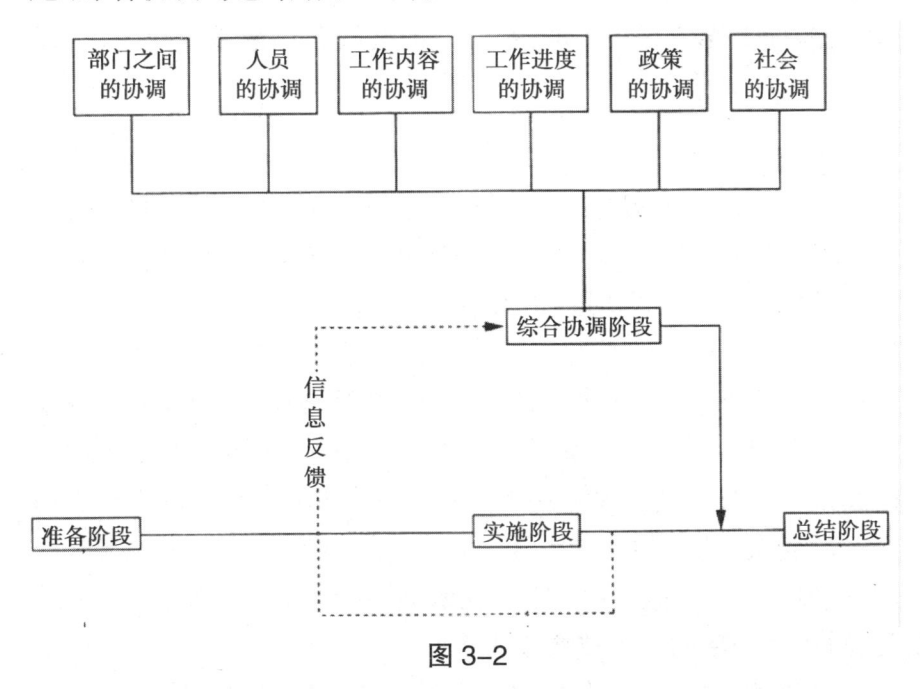

图 3-2

1. 准备阶段

准备阶段是在预测的基础上,由运动会的发起或者主办单位制定全部竞赛组织工作计划,并准备实施计划的筹备过程。

准备阶段的筹备时间通常根据运动会的规格与规模大小确定。该阶段的工作人员不宜过多,按照一般的规律,省、市级以上综合性运动会在本阶段需业务人员 8 ~ 10 名,单项竞赛组织管理中需要业务人员 3 ~ 4 名(即综合事务人员、竞赛业务人员、后勤人员、宣传人员)。

2. 实施阶段

实施阶段是实现运动会计划、完成竞赛任务的组织实施过程,该过程是竞赛管理中的核心环节。

首先,运动会核心领导机构应该将具体的工作内容下达到各职能机构,然后再由职能部门通过组织实施达到整体运行的目的。在此阶段,各个职能机构的工作人员应该本着合理、精干的原则按时到岗、就位,主要领导者以及业务干部则应该深入第一线,对各项工作进行深入的指导,及时解决各种困难或问题,保证竞赛计划的实施。

3. 综合协调阶段

综合协调阶段是整个竞赛组织实施过程中的一个重要的辅助性程序。在这一阶段,主要是针对组织工作中可能出现的问题,如最初制定工作计划时可能存在的考虑不周或者临时出现的意外情况;可能存在的最初决策不切合实际而造成的中途梗阻等,运用信息反馈手段,找出与计划、目的出现偏差的原因,确定偏差的程度并且提供纠正的依据。之后,运用会议协调方法(通常运用办公会),结合实施过程中发生的预见外情况,沟通各业务机构之间的联系,调整相关的政策,使受阻的环节得以疏通。该方法即管理中的"追踪决策",这样能够将问题解决在实施的开始阶段,防止对今后的工作造成损失。

在此过程中,组委会的主要领导应该特别注意克服主观方面的固执,采取灵活的应变方法处理矛盾。这主要是由于,在运动会中一些竞赛管理人员往往重视强调政策的权威和不变性,而忽略其实际应用效果。当然,在管理过程中,政策变化频繁也会使执行者无所适从。因此,在竞赛管理过程中,领导者和竞赛管理人员既要善于在反馈信息中及时分析新情况,研究新问题,制定新措施,解决新矛盾,又要善于把握工作整体计划和政策的相对稳定。

4. 总结阶段

总结阶段是竞赛管理过程的终结阶段。这一阶段,组织者要用科学的方法,采用书面形式对已经做过的工作进行全面的评估。第一,应该肯定成绩,总结经验;第二,要找出问题,提出改进意见;第三,应该做好资料的整理工作。需要特别强调的是,能否认真做好总结阶段的各项工作,直接关系到下一次运动会的组织和管理质量。因此,运动会组织者必须重视抓好这一阶段的工作,做到组织工作有始有终。

综上所述,以上四个阶段有着非常密切的联系,彼此环环相扣、相互合作,保证体育赛事活动的顺利开展。体育赛事的组织管理者一定要制定完善的工作流程和赛事组织方案,按照既定的程序管理体育赛事活动。

二、体育赛事项目的编排

体育赛事项目的编排方法有很多,本节从掌握普遍规律的目的出发,主要对淘汰制与循环制两种常用的竞赛编排方法进行阐述。

(一)淘汰制

在体育赛事中,淘汰赛这一赛制很常用,如举世瞩目的世界杯分小组赛和淘汰赛两个阶段。淘汰赛这一竞赛编排方法具有强烈的对抗性和偶然性,在全部比赛过程中,比赛双方没有任何妥协的可能,同时也不受第三方影响或去影响第三方。这种比赛办法可在同样的时间和场地的情况下容纳较多的运动员(队)参加比赛,并可使比赛逐步进入高潮。但是淘汰制也存在一定的不足之处,由于负者(一场或两场)即被淘汰,所以大部分运动员(队)参加比赛的机会较少,尤其是机遇性强、合理性差。为了弥补这种缺陷,在实际应用中需采取一些有效的措施,如采用部分号码位置"轮空""抢号",设立"种子"以及用抽签的办法排定比赛秩序等。

目前,淘汰制在各类体育项目中都得到了广泛的应用,如在乒乓球、羽毛球、网球等球类项目,足球、篮球、排球等集体球类项目的第二阶段比赛(第一阶段比赛通常采用分组循环赛制)以及棋类、台球、拳击、击剑等项目中都得到了非常广泛的应用。

1.淘汰制的基本比赛方法

一般情况下,淘汰制比赛方法主要分为单淘汰赛与双淘汰赛两种。

(1)单淘汰赛

参加比赛的运动员(队),按编排的秩序表进行比赛,胜者进入下一轮,负者淘汰,直到淘汰到最后一名运动员(队),比赛结束,这种比赛办法称为单淘汰赛(图3-3)。

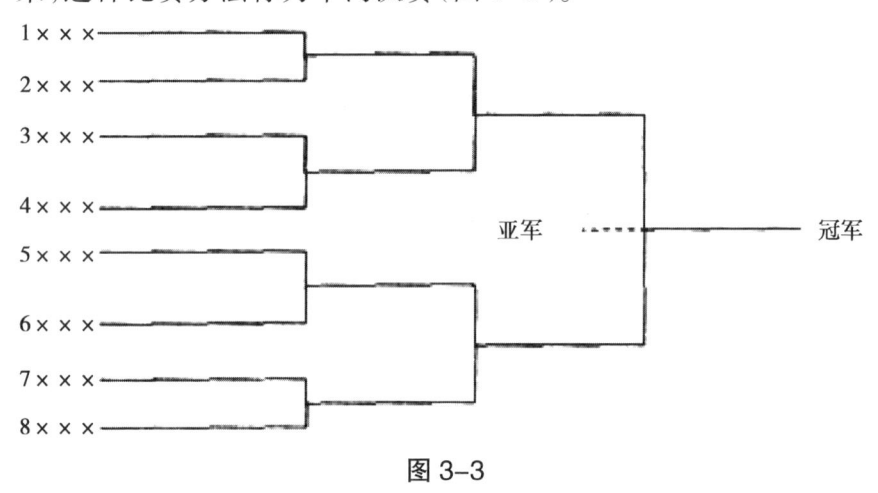

图 3-3

一般来说,单淘汰赛通常只排出冠亚军名次,3~4名并列第3名,5~8名并列第5名,如果要排出前6名或前8名的全部名次,可在运动员(队)进入前8名以后增加附加赛(图3-4)。进入前8名的运动员(队),胜者与胜者比赛,负者与负者比赛,胜者进入下一轮,负者再进行一场相应的名次赛。

(2)双淘汰赛

参加比赛的运动员(队),按编排的秩序表进行比赛,失败两场即被淘汰,最后失败一场者为亚军,全胜者为冠军,这种比赛办法就是双淘汰赛(图3-5)。

图 3-4

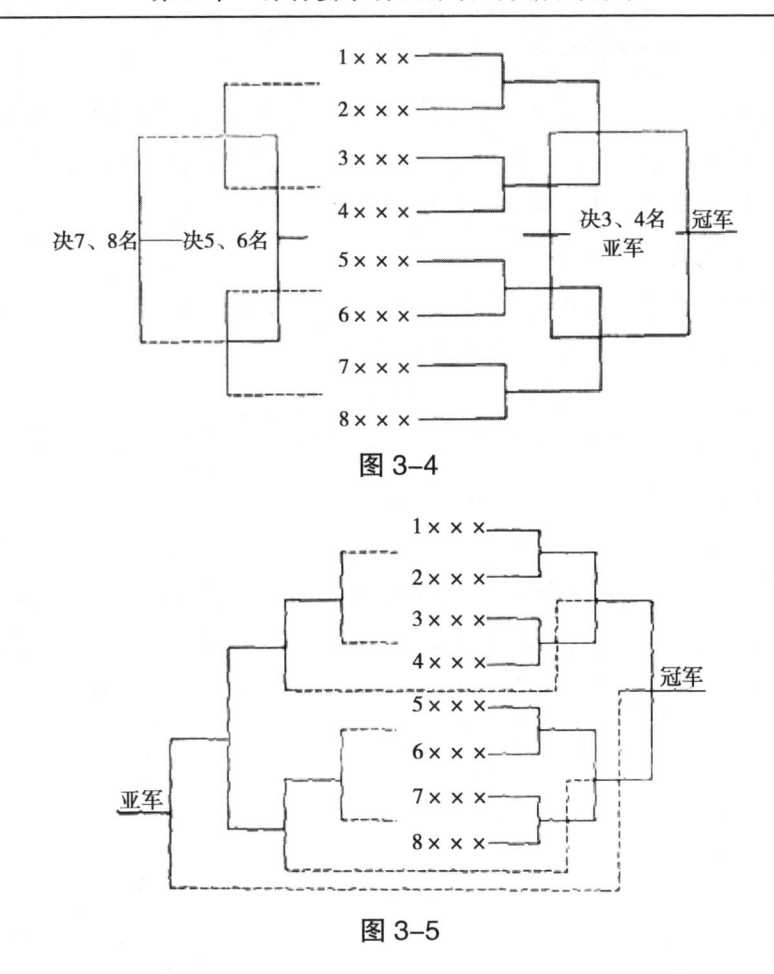

图 3-5

2. 淘汰制号码位置数的选择,轮空位置、抢号位置的确定

在淘汰赛赛制中,只有参加比赛的运动员(队)数正好为 2 的某次幂乘方数,才能保证在每轮比赛中都是两名运动员(队)进行一场比赛,败者淘汰,胜者进入下一轮。但是在现实情况中,参加比赛的运动员(队)数往往不是 2 的某次幂乘方数,因此淘汰赛的办法在实际应用中表现出一定的不完整性。就是比赛方法的自然规律设计的人数和实际参加比赛的人数不一致。

为了使上述问题得到解决,以乒乓球比赛为例,在淘汰赛的比赛秩序表中,采用 2 的某次幂乘方数作为号码位置数,并用部分号码位置"轮空"或"抢号"的办法,以此来克服淘汰赛不完整性的缺陷。

（1）号码位置数的选择

淘汰赛第一轮合适的位置数目称号码位置数。应根据参加运动员（队）数，选择最接近的或稍大的2的某次幂乘方数为号码位置数，如4、8、16、32、64、128……

（2）"轮空"位置的确定

当参加比赛的运动员（队）数不足号码位置数时，可以设置相应数量的"轮空"位置，从而满足号码位置的数目。

"轮空"：第一轮没有比赛的运动员（队）叫"轮空"。即某个运动员（队），在不经过与另一名运动员（队）比赛的情况下，不战自胜直接参加下一轮的比赛。

"轮空"数＝号码位置数－运动员（队）数。

"轮空"位置的确定：乒乓球项目安排"轮空"位置时，种子运动员（队）优先"轮空"（按种子顺序先后安排），"轮空"位置均匀分布。"轮空"位置号码可查乒乓球"轮空"位置表（表3-1）。

表3-1　乒乓球"轮空"位置表

2	255	130	127	66	191	194	63
34	223	162	95	98	159	226	31
18	239	146	111	82	175	210	47
50	207	178	79	114	143	242	15
10	247	138	119	74	183	202	55
42	215	170	87	106	151	234	23
26	231	154	103	90	167	218	39
58	199	186	71	122	135	250	7
6	251	134	123	70	187	198	59
38	219	166	91	103	155	230	27
22	235	150	107	86	171	214	43
54	203	182	75	118	139	246	11
14	243	142	115	78	179	206	51
46	211	174	83	110	147	238	19
30	227	158	99	94	163	222	35
62	195	190	67	126	131	254	3

第三章 体育赛事管理体制的发展与探索

查表方法：先根据参加人数选择最接近的、略大的、2的某次幂乘方数作为号码位置数，号码位置数减去参加人数就是轮空数。然后，按轮空数目依次（逐行由左向右）摘出小于比赛号码位置数的号码即为轮空位置号码。

（3）抢号位置的确定

当参加比赛的运动员（队）稍大于号码位置数时，采用安排"轮空"的办法较为麻烦，在这种情况下可以采用"抢号"。即以最接近2的某次幂乘方数为号码位置数，超过号码位置数的运动员（队）则安排为"抢号"。

"抢号"就是部分运动员的每两名运动员（队）在一个号码位置上先进行一场比赛，负者淘汰，胜者进入下一轮比赛。

"抢号"数＝运动员（队）数－号码位置数。

"抢号"位置的确定："抢号"位置的确定与"轮空"的位置一样。"抢号"位置号码可用"轮空"位置表查得。例如，10名运动员参加比赛，采用单淘汰，使用8个号码位置，"抢号"数2个，"抢号"位置号码查乒乓球轮空位置表得2、7（图3-6）。

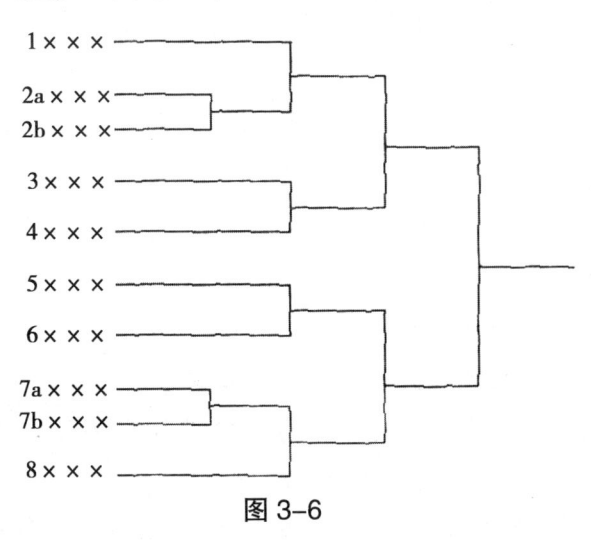

图 3-6

3. 淘汰制轮数和场数的计算

（1）轮数计算

在淘汰制秩序表内，每名运动员（队）普遍出场比赛一次（轮空也算出场一次)称为一轮。轮数就是某个运动员(队)比赛量的客观反映。这个数据是考虑编排方案的重要依据。

①单淘汰赛轮数计算方法

所选用的号码位置数(2的乘方)的指数(2的自乘次数)即为轮数。

单淘汰赛轮数:2^n中的n。

例如,选用号码位置数为$8=2^3$即3轮。

注意:当采用"抢号"办法时,"抢号"运动员(队)的比赛应算一轮。

例如,有59名运动员参加的乒乓球女子单打比赛,采用单淘汰的比赛办法,那么应选用号码位置数为64,有5个轮空位置。用单淘汰轮数计算方法得出,需要比赛6轮,这表明某个运动员需比赛6场(如有轮空,则比赛5场),获得全胜才能获得冠军。

②双淘汰赛轮数计算方法

胜方轮数$=n$(即单淘汰赛轮数)

负方轮数:$(n-1)\times2$

总轮数=胜方轮数+负方轮数$=n+(n-1)\times2=3n-2$

(2)场数计算

每两名运动员(队)比赛一次("轮空"不算)称为一场。场数是该项目比赛的客观反映,是考虑编排方案、计算比赛时间、场地需求的重要依据。

单淘汰赛场数$=N\times1$

N:代表运动员(队)数

双淘汰赛场数$=2N-3$

例如,有97名运动员参加的乒乓球男子单打比赛,采用单淘汰比赛办法,那么应选用号码位置数为128,有11个轮空位置,需比赛7轮,用单淘汰场数计算方法得出比赛场数为96(如要排出前6名或前8名名次,则要增加附加赛场次),这反映出该项男子单打比赛需要经过96场比赛才能全部结束。

4. 淘汰制"种子"的确定与位置排列

将部分技术水平较高的运动员（队）确定为"种子"使他们合理分开，最后相遇，从而使比赛逐步进入高潮，这样的比赛方式更加合理。

（1）"种子"的确定原则

"种子"一般是根据技术水平确定的，技术水平主要是看运动员（队）在各级比赛中所取得的成绩，如奥运会成绩、世界锦标赛成绩、洲际比赛成绩、大型国际比赛成绩以及全国比赛成绩、省市比赛成绩等。在考虑比赛成绩时，应该以最近的比赛和他所参加的高一级的大型比赛的成绩为准，远的服从近的，低的服从高的。在双打比赛中确定"种子"时，应该以原配对成绩为主，除了参考上述原则之外，还可参考单打比赛或其中一人的双打成绩。混合双打的成绩以男运动员成绩为主。举办比赛的组委会可根据具体情况对确定"种子"的原则作补充规定。

随着科技的不断发展，采用电脑积分排序系统对世界优秀运动员（队）进行排名，并在一年内数次定期公布世界优秀运动员（队）排名表，这是当前一些国际单项体育组织常用的办法。因此，在世界高水平的竞赛中，对照世界优秀运动员（队）排名表，确定种子名单是一种较为简便实用的方法。

（2）"种子"的设置数量

"种子"设置的数量应该是2的乘方数。这个数由参加比赛的运动员（队）数与录取名次数等综合因素考虑确定。运动员人数如果少于25名，可设2或4名"种子"。运动员人数为25～48名时，可以设置4或8名"种子"。当运动员人数超过48名时，可以设置8或16名"种子"。

（3）"种子"的位置

"种子"位置应该均匀分布，号码可以具体查询"种子"位置表（表3-2）。

表 3-2 乒乓球种子位置表

1	256	129	128	65	192	193	64
33	224	161	96	97	160	225	32
17	240	145	112	81	176	209	48
49	208	177	80	113	144	241	16
9	248	137	120	73	184	201	56
41	216	169	88	105	152	233	24
25	232	153	104	89	168	217	40
57	200	185	72	121	136	249	8

查表的具体方法为：按照比赛所设种子的数目，依次（逐行由左向右）摘出小于或等于比赛号码位置数的号码即为种子位置号码。例如，123名运动员参加比赛，当用128个号码位置，如设8名"种子"，可在"种子"位置表上依次摘出小于或等于128的8个号码——1、128、65、64、33、96、97、32即为"种子"位置号码（其中1为第1号种子位置号码，128为第2号种子位置号码，65、64分别为第3号、第4号种子位置号码，33、96、97、32分别为第5～8号种子位置号码）。

5.淘汰制抽签方法

抽签是根据竞赛规程所规定的比赛办法提出的基本要求以及实际报名的情况，用机遇的办法排定参加比赛的运动员（队）在比赛秩序表中的位置。

（1）抽签的原则

抽签应该保证"种子"合理分开，最后相遇。同单位的运动员合理分开，最后相遇。保证最大限度的机遇，尽可能不要人为地加以限制，做到对每个运动员（队）机遇机会均等，从而保证比赛的公平合理。

（2）抽签前的准备工作

①审核汇总报名表，统计参加各比赛的队数、运动员人（对）数。

②确定号码位置数,"轮空"或"抢号"数。

③确定"种子"数和"种子"名单。

④制定抽签方案。包括确定抽签的日期、时间、地点、拟邀请参加抽签的单位、人员、抽签的顺序和步骤、抽签工作人员的分工等。

⑤准备抽签用具。如队名签、运动员名签、号码签、组签、区签及比赛秩序表、抽签记录表、分区控制表等各种表格。

⑥抽签实习。熟悉抽签过程,密切配合抽签工作人员,摸索抽签规律,检验抽签方案的正确性,从而保证抽签工作的顺利进行。

（3）实施抽签

这里以乒乓球运动为例对抽签的具体实施进行分析。

①"种子"运动员的抽签定位

对"种子"运动员的抽签,通常采用分批抽的办法,如采用64个号码位置,设8名"种子"可分三批进行抽签。

第一批:将第1号"种子"安排在1号位置(上半区的顶部),第2号"种子"安排在64号位置(下半区的底部)。

第二批:将第3号和第4号"种子"抽入32、33号位置(上半区的底部和下半区的顶部)。

第三批:将第5～8号"种子"抽入16、17、48、49号位置(单数1/4区的底部和双数1/4区的顶部)。

需要注意的是,如果同单位有两名以上"种子",进行抽签时应该使他们既符合"种子"合理分开的原则,同时又符合本单位运动员合理分开的原则,必要时可以不抽签,而将其直接固定在某个"种子"位置上。

②非种子运动员的抽签分区和抽签定位

非"种子"运动员的抽签,一般按照"先进区"与"后定位"两个程序进行。

"先进区":根据同单位运动员合理分开的原则,将各单位运动员均匀抽入各区。乒乓球竞赛规则规定,来自同一协会的报名选手应该尽可能合理分开,使他们在比赛进行到较后轮次时相遇。排列为第1号和第2号的选手应该抽入不同的半区,第3号和第4号选手应该抽入没有本协会第1号和第2号选手所在的另外两个1/4区。第5～8号选手应尽可能分别抽入没有前4号选手的1/8区,依次类推。直到所有报名选手都进入适当位置为止。

"后定位":当全部运动员已抽入各个区,再用任意抽的方法将运动员依次在各个号码位置上定位。

抽签之后,将各号码位置填上抽入的运动员姓名(单位)。

6. 淘汰制比赛秩序的编排

编排工作的任务是根据竞赛规程规定的宗旨与比赛办法,按照抽签的结果将整个比赛的各个项目,合理科学地编排成一个总的比赛秩序,也就是确定全部比赛的日期、时间与场地(台号),从而确保比赛有计划、有秩序地进行。

(1)编排工作的基本原则

淘汰制编排工作的基本原则主要包括以下几方面的内容。

①应该贯彻一视同仁的原则,力求机会均等。

②应该有利于运动员技术水平的发挥,并使运动员劳逸适度。

③尽可能照顾观众的兴趣与要求,使整个竞赛活动逐渐走向高潮,注意安排各项决赛。

④应该有利于比赛的组织工作,科学、合理地使用比赛场馆。考虑裁判员、场馆工作人员的实际情况与节约比赛经费等。

(2)编排工作的步骤

①计算轮数与各轮场数、总场数,这是编排工作的基本依据。

②确定编排方案:编排方案包括比赛天数、节数以及每节比赛的项目、轮次、场数和每节需用的场地(球台)等。这个步骤是编排工作的关键,它要求在可能的前提下选择符合编排原则的最优方案。

③编排各场比赛的日期、时间、场地(台号):在安排过程中

应该注意避免兼项的或在一节内要参加2～3轮比赛的运动员发生连场,还应该考虑运动员及场地(球台)合理的比赛强度,以及中心场地(球台)的安排与男女项目的搭配等。

④编制秩序册。

⑤编排工作的复核:

与原始报名表核对队名、运动员数、姓名,检查有无遗漏、重复;

检查有无漏场、重场,日期、时间、场地(台号)有无错误;

检查运动员的比赛强度是否符合规则的规定;

检查运动员比赛场次的间隔,各种场次的安排是否作到一视同仁,机会大致相等;

检查秩序册内同一类型的用语、表格形式是否统一等。

(二)循环制

循环制通常是体育比赛中一种非常常用的竞赛组织方法,它具体包括单循环、双循环、分组循环等方法。循环制一般适用于足球、篮球、排球等以整队为单位参加竞赛的集体球类项目,有时也应用于网球、棋类、桥牌等运动项目的团体比赛中。

循环制是使所有的参赛队(或同组内的所有队)轮流对抗一次,都有相遇的机会,最后根据各队胜负场次的积分多少来排列名次。一般在参赛队数较少、场地与时间都有保证的情况下,多采用单循环或者双循环的比赛方法。在参赛队数较多、场地与时间又受到限制的情况下,则采用分组循环赛,组数根据具体的时间而定,时间越短组数就越多。之后根据录取名次的要求分为若干阶段,排出最后的名次。

循环制的优点主要表现为:参赛队机会均等、偶然性较小,排出来的名次较符合实际,能够基本反映出各队的技术水平;同时还能够为参赛队提供更多的实战锻炼机会,有利于提高运动技术水平。循环制的缺点主要表现为,由于固定的编排轮次,抽签的偶然性,各队对号入座后并不能够保证水平较高的队在最后相遇,有时甚至比赛过半而形势已经趋于明朗化。在分组循环赛中,也不能够保证各组的实力相当,而两强相遇必有一伤,使比赛的最后名次不能完全客观地反映实际水平。同时,在循环赛的最后一二轮,由于形势已经较为明晰,有可能给处于三角关系上的某队或胜负不影响自己名次的某队提供作弊机会,他们有时就会采取"君子协定""假赛"以及故意输球等竞赛规程无法制约的手段。

为了有效规避上述弊端,近年来在竞赛办法方面出现了很多值得借鉴的好方法。例如,分组预赛成绩有效,相遇过的队在下一阶段不再重赛;决赛阶段采用交叉赛;增加冠亚军附加赛或名次附加赛以及主客场制的双循环赛等。但是,循环制总体而言还是利大于弊的,而且仍然是最常用的竞赛办法。

运用循环制的比赛方法时,应该特别注意"公开、公平、合理、均等",这是比赛编排的基本原则。应该充分发扬民主,广泛征求意见。应该考虑到时间、地点、场地、交通、食宿、参赛队伍情况等多方面的因素,尽可能做到公平、合理与大致均等。此外,还应该做好运动队伍的思想政治工作,提倡顽强拼搏的精神,制定有关纪律规定以及处罚条例,防止各种违背体育道德的行为出现,促进各运动队之间的互帮互学、团结友谊,最终达到提高运动技术水平的目的。

1. 单循环比赛的编排方法

(1) 单循环比赛轮次与场数的计算

计算轮次与场数的主要目的是确定比赛所需的时间和所需的场地数量、裁判员及辅助人员数量,从而更好地进行竞赛日程的安排以及经费的预算。

① 比赛轮次的计算

参赛各队各比赛一场(含轮空)为 1 个轮次的计算方法是:

参赛队数为偶数时:轮次 = 队数 -1。

例如,8 个队参加单循环比赛,则轮次为:8-1 = 7 轮。

参赛队数为奇数时,轮次 = 队数。

例如,9 个队参加单循环比赛,则轮次为 9 轮。

②比赛场数的计算

计算公式为：

$$\frac{队数 \times (队数 - 1)}{2} = 场数$$

（2）单循环比赛顺序的编排步骤

对单循环比赛进行各轮次顺序编排时，应该采取如下步骤。

①确定编排序号

用阿拉伯数字 1、2、3、4、5、6……来代表各参加比赛队的顺序号（简称序号）。确定各比赛队序号的依据主要包括以下因素。

依据上一年或上一届比赛各参赛队的比赛成绩。1 代表第 1 名，2 代表第 2 名，3 代表第 3 名……依次类推（如有的队没有参加上一年或上一届的比赛，可以按报名的先后，确定序号）。

主承办单位对各参赛队的技术水平不是很了解，或者参赛队较多需要进行分组时，由各参赛队进行抽签来确定各自的序号。

②编排比赛轮次

将各参赛队的序号等量分成左右两列，左列由上往下排，右列由下往上排；之后用横线将相对应的两个数字联起，这就是第 1 轮比赛相遇的队。

③确定轮转方法

从第 2 轮开始，各比赛队应该依次轮转，轮转的方法主要包括以下两种。

固定 1 号位的"逆时针轮转法"（此方法通常采用较多），从第 2 轮开始，1 号位固定不转，其他号位按逆时针方向轮转一个位置，就是第 2 轮比赛相遇的队。在第 2 轮转后的号位基础上，同样按逆时针方向轮转一个位置，就是第 3 轮，依次类推，即可排出每一轮的比赛顺序。如果参加比赛的队数是"奇数"时，可用"0"号来补位到尾数的位置，形成"偶数"，各轮次中凡与"0"号相对的队，则为轮空队。

例如，6 个队参加的单循环编排顺序为：

第一轮	第二轮	第三轮	第四轮	第五轮
1—6	1—5	1—4	1—3	1—2
2—5	6—4	5—3	4—2	3—6
3—4	2—3	6—2	5—6	4—5

固定1号位的"顺时针轮转法"（一般很少采用）。

例如，6个队参加的单循环编排顺序为：

第一轮	第二轮	第三轮	第四轮	第五轮
1—6	1—2	1—3	1—4	1—5
2—5	3—6	4—2	5—3	6—4
3—4	4—5	5—6	6—2	2—3

以上两种轮转方法，根据竞赛项目的不同，时间、场地的制约，竞赛目的、要求的不同，采用的轮转方法也是不同的。除了排球运动比赛之外，其他应用循环制的集体项目多采用逆时针轮转的方法。除了固定1号位之外，也可以固定尾数，左、右下角数，这样能够编排出多种比赛顺序。

"贝格尔编排法"：排球比赛专用方法。

在目前的国际比赛和国内比赛中，所采用的都是国际排联（FIVB）确认的"贝格尔编排法"编排单循环比赛顺序。

这种编排方法的特点主要是：不设固定号位，其比赛队的尾数序号，包括奇数时补位的0号位是左右摆动的，也是采用逆时针方向的轮转方法。

例如，6个队参赛的单循环编排顺序为：

第一轮	第二轮	第三轮	第四轮	第五轮
1—6	6—4	2—6	6—5	3—6
2—5	5—3	3—1	1—4	4—2
3—4	1—2	4—5	2—3	5—1

"贝格尔编排法"的规律可以大致总结为以下几点。

队尾数左右摆：如第2轮至第5轮的6或0。

右下角提上来：如第2轮至第5轮的4、2、5、3。

逆时针转轮次：如第2轮至第5轮的轮次转换。

贝格尔巧编排：这是贝格尔编排的方法与规律。

这种编排法的优点主要是：如果1号和2号位的队，是上一年或上一届比赛的第1名和第2名，这两个实力较强的队在第2轮就相遇，就可能避免在后几轮的比赛中左右或影响其他队的名次。其不足之处在于，两个强队的过早相遇会造成比赛最后阶段可能不够激烈、精彩。但是，主承办单位也可以根据观众、电视转播和票房价值等需要，将第2轮次整个轮次调整到最后一轮，从而有效避免最后赛事的乏味。

2. 双循环比赛的编排方法

双循环是指参加比赛的队先后进行两次单循环比赛的方法。这种方法会让所有参赛队均能相遇两次，最后按各队在两个循环的全部比赛中胜负场数的积分多少排列名次。其编排方法与单循环比赛的编排方法一样，第2次单循环赛的编排方法可以重复，也可以重新抽签编排。

双循环比赛的方法并不经常使用，通常是为了符合比赛的性质或目的，比如，为了使该项比赛得到普及与提高，或者为了使参赛队伍有较多的实战机会，或为了培养运动员连续作战的作风等原因才使用双循环方法。近年曾出现"两场制"的竞赛办法，即一个队在同一天内与同一个队进行两场比赛，胜负按最高比分的一场记录成绩。严格来讲，这种方法并不能称为双循环，但是同样能够达到双循环的作用。目前，这种竞赛方法已经不被采取，改为双循环比赛，每天每队进行两轮比赛，但不是对同一个队，如青年联赛时采用这种办法较多。

3. 分组循环比赛的编排方法

通常，分组循环比赛是在参加队数较多的情况下，为了不过多地增加比赛场数和延长比赛日期，而又能使各队参加一定场次的比赛才采用这种方法。

准确来讲，分组循环比赛应该称为分组分阶段单循环赛，即根据参赛队的总数，分成若干个平行小组，在组内先进行单循环比赛,排出各小组的名次;然后根据具体情况,分为两个阶段(预赛阶段和决赛阶段)或三个阶段(预赛阶段、复赛阶段和决赛阶段)进行比赛。决赛阶段(含复赛阶段)的比赛方法可采用单循环赛,同时还可以采用交叉赛、同名次赛、淘汰赛等比赛办法。由此可见,分组循环比赛编排方法的关键是"分组和分阶段",分组的依据是参赛队数和录取名次,分阶段的确定则是要符合日期和场次的要求。因此,竞赛规程必须明确规定竞赛日期、分组分阶段的办法及录取小组名次和总名次办法,使参加者和组织者都能事先了解比赛的编排方法。

(1)编排方法

以 16 队参加比赛为例,有以下几种编排方法。

①分两个阶段比赛的方法

要求:实际竞赛日期 8~10 轮完成;排出全部名次。

第一阶段(预赛):

将 16 个队分成两组分别进行单循环比赛,排出各小组名次。(共 7 轮 56 场)。

第二阶段(决赛):

该阶段主要包括以下三种办法。

第一,同名次赛:各小组第 1 名决 1~2 名;各小组第 2 名决 3~4 名;各小组第 3 名决 5~6 名,依次类推,决出全部名次(预、决赛总共进行 8 轮 64 场)。

第二,单循环赛:将各组第 1 名与第 2 名编为一组,进行单循环决定 1~4 名;第 3 名和第 4 名编为一组决 5~8 名,依次类推,决出全部名次(预、决赛总共需 10 轮 80 场;如预赛中相遇过的两队成绩有效带入决赛阶段,则可减 8 场,只需进行 9 轮 72 场)。

第三,如只要求排出前 6 名,则可将预赛各组前 3 名,编为一组,采用单循环赛出 1~6 名,预赛成绩有效,其他队不再进行比赛(预、决赛总共需 10 轮 65 场)。

要求:实际竞赛日期为 6 轮内完成;排出前 8 名;竞赛场次不超过 40 场。

第一阶段(预赛):

将16个队分成4组,分别进行单循环比赛排出各小组名次(共3轮24场)。

第二阶段(决赛):

将预赛各小组第一名编为一组,进行单循环赛决定1~4名;各小组第二名编为一组,进行单循环赛决出5~8名;其余队不再进行比赛(预、决赛总共需6轮36场)。

②分三个阶段比赛的方法

要求:实际竞赛日期8轮排出前8名;竞赛场次不超过56场。

第一阶段(预赛):

将16个队分成4个组,分别进行单循环赛排出各小组名次,共3轮24场。

若规程规定要排出1~16名的名次,则16个队均需参加复赛和决赛阶段;若只需排出前8名,则预赛中排出的第3名和第4名就不再进行比赛了。

第二阶段(复赛):

将预赛第1组、第3组的第1名和第2组、第4组的第2名共4个队编为A组,再将第2组、第4组的第1名和第1组、第3组的第2名共4个队编为B组;两组分别进行单循环赛排出各小组名次。共3轮24场。

第三阶段(决赛):

该阶段主要有以下两种办法。

单循环决赛:

将复赛阶段A、B两组的前两名共4个队编为甲组,进行单循环赛决1~4名;后两名共4个队编为乙组,进行单循环赛决5~8名。复赛阶段成绩有效不再重赛,共2轮8场,预、复、决赛总共需8轮56场(决定9~16名的办法亦同)。

交叉决赛:

将复赛阶段A、B两组的第1名、第2名及第3名、第4名分别进行交叉赛,决定1~4及5~8名。共2轮8场,预、复、决赛总共需8轮56场。

交叉赛的具体比赛方法如下。

第1轮，A1—B2；B1—A2。

第2轮，两场的胜者相遇，决定第1名、第2名；两场的负者再相遇，决定第3名、第4名。

第5～8名的交叉决赛方法亦同。

即 A3—B4；B3—A4……

交叉赛的方法只限于有两个组的预赛或复赛，然后在4个队之间进行一个交叉赛，同样可以决出全部名次，而且在比赛的最后一轮可以说是最高水平的竞争，即冠亚军决赛。如果采用单循环决赛的方法，为了使比赛最后达到高潮，也可规定在单循环决赛中排出的名次进行加赛一场决定胜负，前两名的加赛即为冠军的争夺战。

（2）种子队的确定和位置排列

分组循环赛通常会设置种子队。确定种子队的依据，是上届或上一年度比赛的名次或成绩，或者根据各队的实际水平，由领队会议上协商确定。种子队的队数一定要等于分组的组数或组数的倍数。譬如分4个组进行比赛，若确定4个种子队，则每组安排一个种子队；若确定8个种子队，则每组安排两个种子队。哪两个种子队在一组，则采用下述方法安排种子队的位置。

首先将8个队按照名次或水平排列出第1号种子、第2号种子直到第8号种子，第1号种子与第8号种子编为一组、第2号种子与第7号种子编为一组，依次类推，将8个种子队合理安排在4个组内，具体如下。

第一组	第二组	第三组	第四组
1	2	3	4
|	|	|	|
8	7	6	5

如果将8个种子队分到两个组内，可以采用蛇形排列的方法，具体如下。

第一组： 1　4　5　8

第二组： 2　3　6　7

（3）分组循环赛的抽签定位方法

抽签定位方法的一般过程具体如下。

①确定抽签方法，即一次性抽签或是二次性抽签。一次性抽签就是一次抽签就能决定所在组别及组内的顺序号。二次性抽签就是第一次抽签决定组别，第二次抽签决定组的顺序号。具体选择哪种方法，应该根据比赛的实际情况确定。总之，要使抽签在公开、合理、融洽的气氛中进行。

②制作签号。根据分组的组数和每组的队数制作相应的签号。可用新扑克牌代替，但必须事先将每种花色所代表的内容公布于众。做好的签号最好放在签盘中进行抽签。

③确定主抽人、监抽人、洗签人、唱签记录人和参加抽签的其他人员，并确认各队抽签人的代表资格。若抽签时某队代表未到场，可由组织者代抽或采取"剩余法"，将最后一个签号留给该队。

④主持并监督抽签。种子队先抽签，确定各种子队的组别。如果种子队数与分组数相同，则将各种子队分别抽入各组；若种子数是分组数的倍数，则采用"跟种子"的办法，即按前表所列，以分4组设8个种子队为例：前4个种子队代表后面4个种子队抽签，第1号种子抽入某组则将第8号种子带入同组；同样，第2号种子抽入某组也将第7号种子带入同组。依次类推，合理地将种子队抽到各组内。种子队的顺序号如需一次性抽签决定，则要在事先即确定它在组内的顺序号位置。

种子队抽签结束以后，非种子队开始依次抽签确定各队的组别和在组内的顺序号。

最后由主抽人公布抽签结束。

⑤编印竞赛日程表。根据抽签结果，将各队队名对号填入事先编排好的轮次表内，再结合时间、场地、服装颜色等情况，编印竞赛日程表。到此抽签即告结束。

4. 循环制的计分方法与名次的排列

篮球、排球等运动项目的比赛计分方法通常是胜一场得2分，负一场得1分，弃权得0分（有的项目规定弃权队名次列最后）。

排球比赛采用五局三胜制，每场比赛均能决出胜负。篮球、足球等运动项目的比赛，往往双方会打成平局，但篮球、手球都采用决胜期的办法来决出胜负。足球则要根据竞赛规程的规定来决定，如采用加时赛或罚点球来决出胜负，但也有规定采用单循环制比赛打成平局时，不再进行加时赛或罚点球，用最后算积分的方法来决定名次。采用这种方法计算成绩时，常常采用胜一场得3分，平一场得1分，负一场得0分的计分方法。最后按积分多少排列名次。但是，比赛的结果常常会出现两队或者两个以上队积分相等的情况。积分相等队的名次排列，由于各项目规定不一样，在各单项竞赛规则中都有明确的规定，遇到这种情况应该查阅该项目的竞赛规则（一般应该写进单项竞赛规程），这里不再赘述。

5. 竞赛日程的编排及平衡

参赛各队或按上一年、上一届比赛成绩确定序号，或抽签决定各自序号以后，就可以先按序号排出单循环或分组循环的比赛轮次，之后按各队的序号，对号入座，将队名填入比赛轮次中。轮次排定后，即可编排竞赛日程。

篮、排、棒、垒、手球等项目，可以安排每天赛完一轮，第3轮以后可以安排休息一天，如果只是5轮之内的比赛，也可不安排休息。但足球比赛应安排在两三天内赛完一轮，并注意一个队的比赛间隔应在24小时以上。

作为体育赛事的组织管理者，在编排体育竞赛日程时，应尽可能地安排合理的比赛时间、场馆、服装颜色等，要保证比赛的公平性和平等性。

第三节 我国体育赛事管理体制的变迁

一、我国竞赛管理体制变迁的动因

(一)改革开放和社会主义市场经济体制的建立

随着我国改革开放和社会主义市场经济制度的确立,我国社会各个方面在短时间内都发生了较大的变化。在体育领域,也是如此。在体育赛事运营管理方面,政府逐渐把一部分权力和利益移交给社会,社会可以代表国家扮演管理角色,行使管理权利。

近年来,我国的经济社会结构发生了非常大的变化,这就要求我国的体育赛事管理制度也必须进行相应的变革,否则就不能适应社会发展的需要。在社会主义市场经济条件下,市场在调控中发挥着重要的作用,而政府则发挥着宏观调控的作用。在经济全球化发展的浪潮中,我国要想实现与国际的接轨,要将体育赛事作为一个新兴的产业去管理,实现体育赛事产业化发展,这样不仅能带动我国体育事业的快速发展,对于我国整个社会经济的发展都具有重要的意义。

(二)社会力量不断加强

近年来,随着我国综合国力的不断提升,社会财富也不断增长,在这样的背景下,我国的社会力量也得到了一定程度的增强,其逐渐有能力对我国的体育事业进行相应的支持。随着我国经济水平的进一步提升,社会力量必将在体育赛事发展中扮演着越来越重要的角色。

(三)竞技体育自身发展的需要

在现代竞技体育发展的背景下,商业化、职业化发展趋势是竞技体育发展的趋势,而举国体制在进行竞技体育管理时必然会有诸多的不适应。要想实现我国竞技体育的快速发展,就需要分析时代发展的潮流,结合中国实际情况,最大限度地与国际接轨。

二、我国竞赛管理体制变迁的趋势

改革开放后,我国的政治、经济体制不断进行改革和发展,各方面都发生了深远的变化。在新的时代环境下,过去的体育竞赛管理体制也逐渐不能适应时代的需求,开始表现出一定的局限性。体育运动竞赛的规模不断扩大,其影响力也逐渐增加,而我国投入体育竞赛方面的资金相对较为有限,这就导致体育赛事不能适应时代的发展,逐渐失去了原有的发展活力。

针对我国体育赛事发展中存在的一系列问题,国家体委曾经有针对性地展开了一系列竞赛体制的改革。1986年,国家体委颁布了《关于体育体制改革的决定(草案)》,开始尝试体育竞赛制度的改革。其后,在20世纪90年代,国家体委提出,竞赛体制改革应该不仅应将着眼点放在国家力量的充分调动上,还应注重社会力量的积极调动,引导项目实体的完善和发展,不断提高竞赛管理的水平;拓展竞赛的资金来源渠道,实现经营管理的科学化;积极推动竞赛产业的发展和完善,积极开拓体育竞赛市场的发展;在产生经营效益的同时,积极为社会谋福利,实现经济效益与社会效益的共同发展。在竞技体育发展过程中,应积极面向市场,使得其与经济活动的联系更加紧密,在借助于市场和社会力量的同时,能够更好地促进市场的发展和社会的完善。

1997年,国家体委撤销了主管项目的业务司,新成立了运动项目管理中心对各项目进行管理。这一改革措施使得我国的竞赛体制由行政管理型逐渐向经营开发型转变。通过成立运动项

第三章 体育赛事管理体制的发展与探索

目管理中心,为我国竞赛市场的建立和体育产业的发展创造了良好的条件,符合我国体育运动发展的基本需求。

经过一定的改革后,我国体育竞赛开始实行"分级管理"制,一些综合性运动的组织和管理主要由体育行政部门来负责,其他形式的各类体育比赛逐步开放管理。在开展单项体育竞赛时,应注重市场化运作,并注重宏观调控的发挥。国家体育行政部门担负相应的组织、监督和评价职能,对竞赛的效益进行评估,并积极监督其相应的政策和法规的执行,积极引导市场按照项目发展的规律来安排相应的体育赛事。

进入 21 世纪后,国家体育总局放开了社会办体育赛事的限制,鼓励社会各界积极承办体育竞赛,这对于我国体育赛事市场的发展具有重要的意义。另外,还提出要完善全国运动会竞赛制度,改革赛事赛制,并改进奖励的办法。其后,在 2002 年,《新时期体育工作意见》颁布,该项文件要求,举办好全国运动会和国内其他赛事,并对其各项赛事进行科学、全面的安排,对竞赛制度进行进一步改革和完善,充分发挥竞赛的各方面的功能和效益,为实现"奥运战略"目标服务。在竞赛制度的改革和发展过程中,应注重赛事各方面效益的综合提高,注重经济效益、社会效益和竞赛效益的密切结合,促进竞赛体制的全面创新。

我国体育竞赛管理体制无论如何变革都要建立在社会主义市场经济体制基础之上,这是根本。然后还要学习国外发达国家的先进经验,与国际竞赛管理制度逐步接轨,从而促进我国体育赛事市场化的极大发展。在竞赛管理体制发展过程中,其逐渐向着权责明晰、科学管理、依法治赛、市场与计划相结合的方向发展。在赛事管理体制改革中,体育赛事管理应逐渐打破户籍、代表队制的认识管理框架,以俱乐部为主体,实现体育人才自由流动。在体育赛事市场化的基础上,进行政府的宏观调控。

体育赛事市场化发展的过程中,要注重经济效益与社会效益的结合,不能有所偏颇。只有在发展自身的基础上,实现相应的社会效益,才能获得可持续发展。在体育赛事发展过程中,应注重经济规律,积极开发体育赛事的无形产品。应注重市场功能的发挥,不断完善赛事的运行机制。同时,加强政府对于竞赛市场的管理和监督,保证市场的健康发展,维持良好的市场秩序,创建公平竞争的市场环境。

加强体育赛事制度的改革与发展,实现其社会化、规范化、产业化,其最终目的都是促进体育产业的发展,推动我国经济水平的进一步提高。体育管理部门应积极发挥其管理职能,并妥善处于与体育协会的关系;体育协会应由半官方半社会性质转变为纯粹的社会组织,成长为真正的责、权、利统一的实体,成为运动项目管理的主体。

第四节 我国现行的体育竞赛制度

一、综合性运动会及我国现行竞赛制度

通常情况下,综合性运动会至少会设四个以上运动项目的比赛。在国内均以各省、自治区、直辖市、解放军和各大行业系统体协为参赛单位,参加者一般是下一层次最优秀的运动选手代表本地区、本行业参加上一层次的比赛。目前,我国综合性运动会主要有以下几种。

(一)全国运动会

全国运动会,简称"全运会",它是当前我国规模最大的综合性运动会,由国家体育总局主办,委托省、自治区、直辖市承办,每四年举行一次。

1959年9月在北京举办了第1届全国运动会,"文革"期间曾中断。自1975年9月恢复,举办了第3届后,就形成了稳定的竞赛制度。前四届均在首都北京举行,后应省市地方政府和体育

第三章　体育赛事管理体制的发展与探索

部门的要求,从第5届开始由北京以外的城市如上海、广州等地举办,后经国务院明确北京、上海、广州三地成为轮流承办全国运动会的主要城市,连续举办至第9届。为扩大全国运动会的社会影响力,更好地带动全民族体育意识的加强,使全国运动会成为推动各地区经济发展的体育盛会,2001年上半年,国家体育总局经国务院批准,取消了全运会由北京、上海、广州三城市轮流承办的限制,允许有条件的省、自治区、直辖市申请举办全运会,并于2001年6月19日(第9届全运会前),国家体育总局在北京召开的全运会工作会议上经过不记名投票,江苏省成为第一个被成功地推选为继上述三大城市以外举办全国运动会的幸运单位,该省于2005年10月承办了第10届全国运动会。第11届、第12届和第13届全国运动会分别由山东省、辽宁省和天津市举办。

全国运动会的举办对于挖掘高水平运动人才,促进我国竞技体育的发展起到了重要的作用。根据这一大型赛事的周期规律,各省、自治区、直辖市也相应制定了本地区的全民运动会制度。为便于选拔运动员及安排训练周期,一般在全国运动会前1～2年举行本省、市、自治区的全民运动会。

(二)青年运动会

青年运动会的前身是"中华人民共和国城市运动会",由国家体育总局主办,每四年举办一次,参加范围是各省、市、自治区所属地级大、中城市和全国计划单列城市的青少年运动员。自2013年起,中华人民共和国城市运动会更名为中华人民共和国青年运动会。

1988年10月在山东省济南市举行了第1届青年运动会,除北京、上海、天津三个直辖市外,来自全国42个城市的2300多名运动员参加了12个大项的比赛。由于该项赛事对于发现和锻炼体育后备人才有着特殊的实战意义,因此仅次于全国运动会而成为备受各地区政府及体育行政部门重视的大型赛事活动。为选拔培养高水平体育后备人才,从第2届开始,北京、上海、天津和重庆等直辖市也派出以所属行政区域为单位的代表团参加。全国城市运动会的具体情况见表3-3。

表3-3 历届青年运动会举办情况

届次	时间	举办地	参赛城市(个)	参赛运动员(人)	比赛项目
第1届	1988年	山东济南	40	2695	12个
第2届	1991年	河北唐山	46	2928	16个
第3届	1995年	江苏南京	49	3344	16个
第4届	1999年	陕西西安	57	3861	16个
第5届	2003年	湖南长沙	57	6648	28大项,289小项
第6届	2007年	湖北武汉	57	3000余	189个
第7届	2011年	江西南昌	57	6034	25大项,300小项,24个夏季奥运会项目与术

由于国际奥委会设立了专门面向14～18岁年轻人的青年奥林匹克运动会,2013年11月21日,中华人民共和国城市运动会更名为中华人民共和国青年运动会,以适应我国国内及国际体育形势的发展需要,同时更好地与青奥会接轨。第一届全国青年运动会于2015年10月18日在福建省福州市开幕。

(三)全国体育大会

全国体育大会由国家体育总局主办,委托各省、自治区、直辖市轮流承办。每两年举办一次,赛期10天。

全国体育大会创建于2000年6月,在浙江省宁波市举行了第1届。来自全国各省、自治区、直辖市、行业体协和体育院校的38个代表队2000多名运动员参加了17个大项的比赛。全国体育大会的宗旨是"参与、娱乐、健身",致力于促进体育走近群众,项目设置全部为非奥运会项目,为我国大约五十多个非奥运会项目走向社会,取得更大发展提供了表现的平台。其中蹼泳、围棋、国际象棋、航空模型、航海模型、飞机跳伞等项目的比赛具有世界水平。全国体育大会的举办情况见表3-4。

表3-4 历届全国体育大会举办情况

届次	举办时间	举办地	比赛项目	参赛人数
第1届	2000年5月	浙江宁波	17	约4000
第2届	2002年5月	四川绵阳	22	4425
第3届	2006年6月	江苏苏州	28	约10000
第4届	2010年5月	安徽合肥	34	
第5届	2014年	重庆		

(四)全国工人运动会

全国工人运动会由中华全国总工会主办,国家体育总局协办。参加范围为各省市行政区域内除体育系统优秀运动队以外各行各业的企业在职职工。

全国工人运动会一般根据国家的政治、经济情况确定召开的时间,没有稳定的周期制度。1955年10月在北京举行了第1届,设田径、举重、自行车、篮球、排球、足球共6个项目,有1700多名运动员参加。间隔30年,于1985年9月在北京举行了第2届,设有田径、游泳等8个项目,4600多名运动员参加。1996年9月在辽宁省大连市举办了第3届。

(五)全国农民运动会

全国农民运动会由农业部、国家体育总局以及全国农民体育协会联合举办,参加范围为各省市行政区域范围内除体育系统优秀运动队以外具有农业户口的农民运动员。

全国农民运动会每四年举行一次,在全国各省市轮流举办。1988年10月,在北京举行了第1届,设有田径、射击、足球等9个项目,有1432名运动员参加。

(六)全军运动会

全军运动会由中国人民解放军总参谋部、总政治部和总后勤部主办。以各军兵种、各大军区为参赛单位,参加范围是现役军人、军工和正式编制的军队文职人员。

全军运动会在创建初期的宗旨是"提倡适合于军事需要的体育活动,为战斗和国防建设服务"。根据国家的政治经济情况确定其召开的时间,没有稳定的周期性制度。1952年8月在北京举行了第1届,当时的党和国家领导人毛泽东、朱德和周恩来亲自出席了闭幕式。来自全国各大军区、各军兵种、各直属单位和抗美援朝前线的1800多名军人运动员参加了通过障碍、投掷手榴弹、500米武装赛跑等44个比赛项目,以及航空、马术、摩托车、团体操等42个表演项目,盛况空前。至今已举办过4届,历届的举办情况见表3-5。

表3-5 历届全军运动会举办情况

届次	举办时间	举办地	设置项目	参赛人数
第1届	1952年8月	北京	44	1823
第2届	1959年5月	北京	43	约10000
第3届	1975年5月	北京	18	约5000
第4届	1979年5月	沈阳	10	3000

(七)全国少数民族传统体育运动会

全国少数民族传统体育运动会由国家民族事务委员会和国家体育总局联合主办,参加范围为各省市行政区域内除汉族以外的各民族运动员。

1953年11月,在天津举办了第一届全国少数民族传统体育运动会。时隔20年,1982年9月在内蒙古呼和浩特市举行了第2届(更名为全国少数民族运动会),来自全国29个省、自治区、直辖市55个少数民族的600多名运动员参加了60余个项目的表演赛。从第3届以后,形成每四年举办一次的制度。

到目前为止,我国的少数民族传统体育运动会已经举办了10届,举办地涵盖内蒙古、新疆、西藏等全部民族自治区以及北京、天津、广州等经济发达地区。从1953年的5个竞赛项目22个表演项目到1999年的13个竞赛项目和161个表演项目再到2015年的17个竞赛项目和140个表演项目,少数民族运动会参赛民族涵盖了我国的55个少数民族。

(八)全国大学生运动会

全国大学生运动会由教育部、国家体育总局和共青团中央联合主办,简称"大运会"。参加范围为各省市行政区域所属有正式学籍的高等院校在校学生。

全国大学生运动会每四年举办一届,自举办以来始终坚持"团结、奋进、文明、育人"的宗旨,坚持"突出教育特色、讲求综合效益"原则。全国大学生运动会由教育部、国家体育总局、共青团中央联合主办,分届次由不同省市人民政府承办。比赛按照普通高校组成的甲组和高水平运动队试点校和体育院校组成的乙组分别进行比赛。发展到现在,大学生运动会的影响力越来越大,通过大学生运动会的举办挖掘了不少高水平的竞技体育人才。

(九)全国中学生运动会

全国中学生运动会由教育部、国家体育总局、共青团中央联合主办,其宗旨是"推进素质教育,培养德、智、体全面发展的一代新人"。

全国中学生运动会每三年举行一次,参加范围为各省市行政区域内所属的在校中学生。1973年7月在山东省烟台市和吉林省长春市两地举行了第1届。从12届开始,与大学生运动会合并举行,改称为"全国学生运动会"。因此,2014年举办的第12届全国中学生运动会更名为中华人民共和国第12届学生运动会。

(十)全国残疾人运动会

全国残疾人运动会由民政部和国家体育总局联合主办,每三年举办一次,参加范围为各省市行政区域内的盲人、肢残、聋哑人等伤残运动员。

1984年10月,在安徽省合肥市举行了第1届,来自全国29个省、自治区、直辖市和香港共500余名运动员参加了田径、游泳、乒乓球等3个项目的比赛和表演。从第3届以后形成每四年举办一次的制度。发展到现在,全国残疾人运动会已举办了10届。

二、单项比赛及我国现行竞赛制度

单项竞赛可以说是出人才、出成绩最为有效的手段之一。我国单项竞赛制度的制定原则,一方面应该着眼于促进运动技术水平的提高,另一方面在安排竞赛时应该注意与国内外重大单项竞赛的周期相吻合。

(一)单项竞赛的种类划分

根据运动项目的不同,单项竞赛一般分为两大类,即正式比赛与辅助性比赛。其中,正式比赛主要包括锦标赛、冠军赛、联赛,辅助性比赛主要包括达标赛、分区赛、邀请赛、调赛、协作区赛、通讯赛、选拔赛、集训赛、季节性室内赛及赞助性冠杯名的比赛。

(二)我国现行单项竞赛的分级管理办法及制度

围绕突出奥运战略的前提,国家体委曾在1989年6月11日正式颁布了《全国体育运动单项竞赛制度》试行法案。在这一试行的竞赛制度中规定:重点项目与一般项目区别对待;竞技体育项目与群众体育项目区别对待;受条件限制和普及程度不同的项目区别对待;靠机械、智能的项目与靠体能的项目区别对待。根据这样的原则,把我国目前开展的60余项竞赛项目分为4大类,并按类别主次顺序安排竞赛次数和规模。

(1)奥运会比赛项目中的重点项目。每年安排两次全国最

第三章　体育赛事管理体制的发展与探索

高水平的比赛（即锦标赛、冠军赛），一次青年比赛，一次少年集训比赛。包括田径、游泳、跳水、体操、举重、射击、射箭、击剑、柔道、国际式摔跤、赛艇、足球、篮球、排球、乒乓球、羽毛球、速度滑冰、短跑道速度滑冰共18项。

（2）奥运会一般项目。每年安排1~2次全国最高水平的比赛，一次青年比赛。包括花样滑冰、水球、艺术体操、自行车、皮划艇、帆船、帆板、拳击、现代五项、马术、网球、手球、曲棍球、棒球、冰球、冬季两项、高山滑雪、越野滑雪、跳台滑雪共20项。

（3）非奥运会比赛项目。每年安排1~2次全国最高水平的比赛，一次青年比赛。包括技巧、武术、滑冰、蹼泳、中国式摔跤、垒球、国际象棋、跳伞、围棋、中国象棋、航空模型、滑翔、航海模型、摩托艇、摩托车、无线电共16项。

（4）群众性或娱乐性体育项目。根据条件或项目的发展，不定期组织多种形式的竞赛，以适应广大爱好者锻炼智力、增强体质、促进国际交往的需要。这类竞赛包括高尔夫球、保龄球、地掷球、台球、藤球、桥牌、毽球、轮滑、门球、热气球、沙壶球、汽车、汽车模型、伞翼滑翔、业余电台等项。

除了上述四类竞赛在规定次数之外，前三类项目还可以根据本项目发展的需要，组织多层次、多形式的辅助性竞赛作为补充。另外，为保证竞赛水平，国家体育总局在规模上尽量压缩参赛人数并结合全国各省、市、自治区承办竞赛的条件，规定各赛区的参赛人数一般控制在300~400人。

为了切实做到按水平分级比赛、分级管理，保证全国性竞赛质量，达到检查训练的竞赛目的，一般在我国开展较普及的项目，运动员应该首先参加国家体育总局组织或认可的达标赛，形成周期规律的协作区比赛等。达到标准或规定名额的，才能够参加全国最高水平的比赛。如果没有条件进行选拔的项目，则由国家体育总局确定哪些省市队或运动员参加哪一级的比赛。我国目前一些体育先进省、市在体育竞赛改革中实行按水平分级管理，也取得了很好的效果。他们规定有记录的项目按照年龄组实行达标赛,取消了参赛名额平均分配制,对于投入多、教练力量强、运动成绩好的单位增加名额;无记录的项目按水平分级比赛,实行升降级制。

三、各类竞赛的奖励制度

运动竞赛确定录取名次是促进运动技术水平不断提高的一个极其重要的辅助因素,主要包含决定名次的办法和录取名次数额。两大政策的制定能够直接激励运动员技术水平的发挥与教练员对专项技术的探索与创新,对于某一专项运动的发展方向也具有较强的影响力,同时也成为各级地方政府和当地人民群众衡量本地区体育运动水准的一个传统的客观标准。

(一)综合性运动会的录取名次、名称的确定及奖励

(1)排列并公布各参赛单位奖牌总数名次。按照各参赛单位所获金、银、铜牌总数排列,金牌多者,名次列前;若金牌数相等,则以银牌多者,名次列前;若再相等,则以铜牌多者,名次列前,依次类推。

(2)排列并公布参赛单位团体总分。按参赛单位男女合计所获各单项前八名的8、7、6、5、4、3、2、1计算总得分,总分多者,名次列前;如相等,依次按打破世界纪录、亚洲纪录、全国纪录的项次决定,多者名次列前;如仍相等,则依次按获得第一名多者,名次列前,依次类推。

(3)在我国竞技体育系列中的综合性运动会,凡是奥运项目的单项竞赛,通常录取前八名给予奖励;非奥运项目的各单项竞赛,则录取前六名给予奖励。但从第8届全运会开始,则不再分奥运项目和非奥运项目,均采用统一的录取名次和计分标准了。在全民体育系列中的综合性运动会,则没有奥运会项目与非奥运会项目之分,均录取前六名给予奖励。

(4)从第7届全运会开始,实行奥运会奖牌计入全运会和创、

超世界纪录加牌加分的办法。还规定把全运会前的一次世界锦标赛前三名奖牌列入全运会奖励记分范围。此外,为充分发挥解放军在竞技体育训练水平方面的优势,鼓励地方向部队输送运动员,并规定解放军参加全运会实行两次记分办法。

(5)各地在改革中也总结出很多可行的奖励办法。例如,一些地区对省运会青少年竞赛实行结构记分法,即按照周期人才输送分,输送的人才在奥运会、亚运会、全运会上取得优异成绩的奖励分,比赛成绩等诸方面计算代表团总分,从而调动各地方培养高水平人才的积极性。

(二)单项竞赛的名次录取及奖励办法

在正式比赛与非正式比赛中,无论是集体或个人,均录取前六名给予奖励。设团体总分的竞赛,录取办法与综合性运动会相同。创最高纪录则按世界、亚洲、全国等层次顺序,授予带有不同层次标志的创纪录奖章、证书及其他物质奖励。

(三)其他辅助性设奖

为鼓励运动员以良好的品质参加竞争和裁判员公正执法,保持赛场良好的纪律和赛风,从20世纪80年代中后期开始,在我国各类竞赛活动中,开展了个人和集体的体育道德风尚奖评选活动。一般4天以上竞赛日程的运动会均设此类奖,并由大会授予物质奖励。评奖比例大致为个人15∶1(含裁判员),集体在8队以下评一个队,9~16个队评两个队,16队以上评三个队。

除此之外,我国全国运动会有时根据国家竞技体育导向的需要还会制定相应的奖励政策。

第五节 体育赛事竞赛制度的创新探索

加强体育赛事竞赛制度的创新对于我国体育赛事的发展具有重要的影响和意义。鉴于当前我国体育赛事的发展状况,笔者认为可以采取以下创新手段促进我国体育赛事制度的发展。

一、以政府为主导

在现代社会背景下,制定某一制度时,制度的主体一般有个人、团体以及国家政府。从制度变迁的角度出发,由个人或团体所主导的制度变迁可以归结为诱致性制度变迁,而由国家政府通过强制力量所主导的制度变迁可称为强制性制度变迁。诱致性制度变迁是由个人或团体在认定现行利益不均衡的条件下,找到更好的利益选择从而引发的自发性制度变迁。强制性制度变迁是政府法令导致的旧制度的取消或更替,其内在动力是国家利益—成本比提高,但是无论是诱致性还是强制性制度变迁,政府都不可以依赖单一路径。大量的实践证明,中国在改革初期主要进行自上而下的改革,但随着时代的不断发展,这一方式已无法满足当下体育赛事发展的需求。倘若在这条路上一路走下去,那后果将不堪设想。在体育竞赛体制改革方面,体育总局和其下属单位会不断维护自身利益、垄断体育资源,不愿放弃手中的权力,也不注重公平竞争的市场规则,这样就令建立新体制的改革措施落得虚名。[①] 因此,体育竞赛制度的改革必须是将自上而下的政府主导的改革和自下而上公众选择的改革相结合,对于体育领域中行政垄断性质的体育部门的限制则需要中央政府机构推进,这样对于我国体育赛事的进一步发展才具有重要的帮助。

---

① 惠川川. 中国竞技体育制度变迁与创新的路径选择[J]. 新闻传播, 2015(11):101-102+104.

第三章 体育赛事管理体制的发展与探索

二、政府放权与路径依赖的改变

在当前竞技体育高度发展的背景下,体育赛事体制改革必须要从体制外的利益团体,也就是运动协会、职业俱乐部和个人等寻求改革动力。面对社会存在的问题,某种偶然的机会可能会导致一种解决办法,当这种办法流行起来,就会在这一既定方向上自我强化,人们过去做出的选择决定了他们现在可能的选择,这就是制度变迁的路径依赖性。虽然依照既定路线,制度变迁可能会进入良性循环,但同样有可能一直走在错误的道路上,并且路径的选择因随着时代的变化而有所发展。因此中国若一直沿着20世纪50年代确立的举国体制走下去,则势必产生很多问题。

大量的事实表明,目前我国的体育竞赛体制已落后于市场经济的发展,政府若不进行正确的改革和放开权力限制,中国体育赛事市场的发展前景将不容乐观。而国外的运动协会、职业俱乐部和运动员与国内甚至国际经济的联系非常紧密,职业化道路下的体育收益和发展取得了长足进步,因此中国必须培育这种体制外的利益集团,加强体育赛事制度的改革,促进体育市场的健康发展。

三、先大后小,先模式后内容

关于体育赛事制度的改革,笔者认为应先发展大类项目,后发展小众项目,先引进更系统的职业化模式,后根据国情针对细节内容进行修改。事实证明,中国的足球、篮球和排球等大球项目的确已经走上职业化道路,但是这与完全职业化或者说中国国情下的最大职业化相去甚远,中国的职业化程度是不完善的,职业化程度不高就决定了联赛水平不高,联赛水平不高就会致使国内整体水平不高和引进外援质量不高,最终导致中国被隔离在整个世界的职业化市场之外,而整个国家的竞技水平也将进入瓶颈期。有例为证,近十年来,中国男足从亚洲一流走向亚洲二流,中国女足从世界前三跌出,中国男女篮亚洲霸主地位不再,这一切的矛头全部指向不健全的职业化体系和其背后的竞技体育制度。我们再撇开乒乓球、羽毛球这些特别项目不谈,其他的小众项目,虽然得到了很多突破和发展,但是我们必须高瞻远瞩,当这些项目不断壮大之时,若体制还不改善,就极有可能重蹈覆辙,因此在未来的发展中,必须要依据国情调整现有的体育竞赛制度,从形式到内容上进行必要的创新与改革。

第四章 体育赛事的筹划与设计研究

发展到现在,体育产业在国民经济中的地位越来越高,世界上各个国家或地区都非常重视体育产业的发展。而体育产业市场的发展在很大程度上来看依赖于体育赛事的建设,借助体育赛事,能在一个国家或地区形成极强的体育产业凝聚力,增强国家或地区体育产业市场在世界上的影响力,由此可见,加强体育赛事的建设至关重要。

第一节 举办体育赛事的可行性分析

一、宏观层面的环境条件分析

宏观层面的环境条件分析实质上就是对拟申办或举办赛事的可适性进行分析。这是一个经常容易被忽视的环节。需要注意的是,针对那些大型的一次性体育赛事的可行性分析有时需要将其提升到对举办地的经济、政治、社会与文化等全方位的"条件分析"的高度。在这一过程中,以下问题通常需要重点考虑。

(一)举办地人口状况

举办地的人口状况如何将直接影响到赛事的评估,一般来说举办地的人口状况主要包括人口的构成、财富状况、兴趣和爱好、对新事物的接受性程度、思想观念等几个方面。

(二)志愿者与相关人才等储备

在总体人口中,能够为赛事提供服务的志愿者数量与质量以及与赛事有关的技术及管理人才的储备情况会直接影响赛事的申办与组织运营。以奥运会为代表的大型体育赛事越来越需要依赖于志愿者,可以有效地节省成本和调动举办地居民的参与性。人才储备的问题不仅影响赛事对举办地居民就业的拉动,也可能避免因雇佣"外地"人员而导致赛事经济效应的"溢出"。

(三)人民群众的支持力度

在申办或筹办赛事之前,对当地社区公众对赛事期望性的调查了解也是很必要的。从根本上讲,这是一个评估公众对赛事的支持或接受程度的过程。公众的支持对体育赛事的举办至关重要。因此,在社区内就提议举办的赛事给社区所带来的利益进行尽可能广泛和公开的讨论。这个过程对于那些依赖公共资源与资金的大型赛事尤为重要。提议申办或举办一个体育赛事特别是大型体育赛事,通常是一个激烈的政治博弈过程。在赛事的倡导者和那些主张对赛事进行详细的可行性分析和事件的成本收益评估的人群以及公众之间总会产生矛盾。

(四)政治与意识形态

体育赛事(特别是像奥运会与世界杯这样的特大型标志性赛事)的申办与举办通常是一个政治事件,政治力量会参与其中并成为决定性力量。许多赛事由于其公共性和公益性特点,组织运作具有高度的政治敏感性。体育赛事的规划也是一个政治过程,或者是一个政治博弈过程。这一点对于那些公共体育赛事活动来说尤其重要,因为这些赛事通常需要公共资金与资源。国际性大型体育赛事会涉及国与国之间的政治关系。举办国与参赛国之间在政治体制与意识形态等方面的差异很多时候也会影响赛事的正常举办。

（五）赛事举办方的经济情况

赛事组织者需要分析是否对赛事举办方能否负担得起成本，这一过程是必不可少的，这有利于降低赛事举办的风险。赛事申办或举办组织者对成本与利润应有一个初步的估算。这个过程价值本身对于一些小型赛事来说相对较低，但对于大型赛事来说则有可能很高。不过，只要所有潜在的利益群体都能确信赛事的效益能超过成本，则其投资计划实施的风险就不大。

（六）赛事举办地的竞争环境

随着竞技体育运动影响力的不断扩大，举办体育赛事成为各个国家或地区提升本国影响力和促进经济发展的重要手段。在这样的形势下，体育赛事活动内容与主题以及举办的时间与空间均会出现冲突或直接竞争。因此，举办地政府与相关组织需要对竞争环境进行分析，找准自己的位置。

一般情况下，体育赛事组织方可以通过以下四个方面分析其潜在的竞争对手在市场竞争中的地位。首先是供应商的议价力，即体育赛事组织者或市场营销人员是否能够以可支付和合理的价格购买到产品或服务。这取决于他们与供应商的议价能力与资力。其次是购买者的议价力。除了价格敏感性以外，绝大多数购买者在很多时候是没有议价能力的。这意味着这些购买者会很在意产品或服务的性价比。因此，市场营销人员对购买者议价力的掌握，就是有能力知道在什么价格水平下这种价格敏感性会起作用。再次是新参赛者。这是指有可能流失到可以提供相似体验机会的赛事的市场份额。对于体育赛事组织者与市场营销人员来说，这也是一种潜在的威胁。最后是可替代性产品。如果替代性产品或服务能够提供让消费者更为满意的体验，或者满意水平相当但是对手以更低的价格提供，那么这些替代性产品也是一个威胁。

在企业战略管理中,SWOT分析法是一种重要的分析企业发展的方法,这种方法也可用于体育赛事竞争环境的分析(图4-1)。SWOT分别是指优势、劣势、机会和威胁四个方面,其中,优势—劣势的组合分析是内部环境分析的中心,机会—威胁的组合分析是外部环境分析的焦点。不同的机会和威胁可以组合成为四种基本的环境类型,即理想环境、风险环境、成熟环境和困难环境。

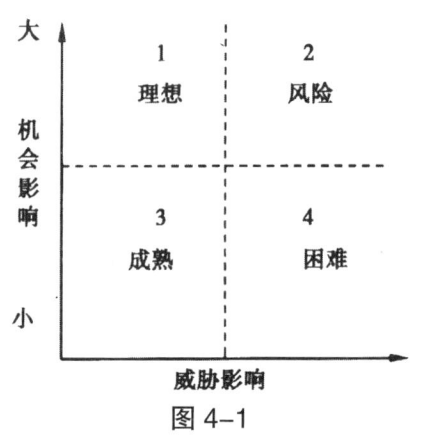

```
大 │
   │   1        2
机 │  理想      风险
会 │
影 ─┼─────────────────
响 │
   │   3        4
   │  成熟      困难
小 │
   └─────────────────→
         威胁影响
```

图 4-1

(七)赛事举办的市场条件

可行性分析阶段的市场条件分析工作具有较大的宏观性或战略导向性。由于产品的设计还没有具体化,因此还不可能进行详细的市场调查与消费预测。这里的"市场"不仅包括赛事的一般消费者,也包括参与者、社会公众、赞助商、供应商以及中间商等。简单地说,就是指需要分析赛事的举办是否会受到关注或引起人们的兴趣。在"市场导向"的经济环境中,一个最为关键的程序是对赛事的潜在市场效应要进行事先的预评估。评估的内容主要涉及赛事的市场需求总体状况,包括赛事活动参加者的大致数量、地区分布、停留时间、参与者在活动期间的消费结构等。

第四章 体育赛事的筹划与设计研究

二、赛事举办地的资源条件

资源条件是指体育赛事项目运行所需资源的供应情况,是体育赛事运行的物质基础和项目顺利运行的重要条件。因此,体育赛事项目的资源条件评估是体育赛事申办的重要组成部分。需要说明的是,对于一个规模较小的体育赛事而言,所处的资源环境和条件是相对固定的,但对于一个规模较大,筹备期较长的体育赛事而言,很多资源环境和条件是可以创造的。需要强调的是,赛事规模不一样,所需的资源条件也有很大的差异。一般来说,赛事的资源条件主要包括以下七个方面。

(一)赛事举办地基础设施建设

城市基础设施建设对于体育赛事的举办具有重大的影响,同时这也是体育赛事运行的重要物质基础。如果基础设施建设存在问题就会严重影响体育赛事的评估。所以说,体育赛事的举办要以良好的城市基础设施建设为前提条件。根据国家建设部的统计口径,城市基础建设包括供水、燃气、集中供热、公共交通、道路桥梁、排水、防洪、园林绿化、市容环境卫生和其他行业。北京2008年奥运会申办报告所涉及的城市基础建设方面的条件资源主要有交通条件、广播通信、环境保护与医疗卫生条件等。

(二)体育场馆设施条件

良好的体育场馆设施条件是举办体育赛事的直接前提和基本条件之一。通常情况下,每一项体育赛事都会因为项目自身的需要或者赛事所有权方(赛会组织)的要求而对体育赛事的比赛场地有一定的要求。根据项目与赛事的实际情况,体育场馆设施方面的资源条件通常需要从场馆观众容纳数(容量)、场馆场地性质、场馆场地规模、场馆地理位置以及其他具体要求(项目不同,要求不同)等几个方面进行分析。

（三）举办赛事所需资金

举办任何体育赛事都需要充足的资金，这是必须条件。有些赛事甚至在正式举办之前就需要有大量的资金投入（如交给国际体育组织的相关费用等），一些需要竞办的赛事还需要一定的前期运作资金，赛事申办成功之后则需要更多的基础设施与体育设施的建设资金。体育赛事的融资渠道主要有外在融资和内在融资两种。赛事举办主体的性质可以划分为政府机构和企业两类。两者的融资渠道与能力也不一样。政府机构或公益组织多采用政府拨款和获取社会捐赠等外在方式，同时也可以辅以内在融资的手段。企业类举办主体则主要通过商业化或市场化的方式进行外在融资。

（四）媒体转播条件

从前赛事期的宣传、赛事中的现场直播到后赛事期的新闻编辑发布，体育赛事都需要转播媒体多方的配合。对赛事转播条件的分析主要从转播团队的经验与能力、转播技术、转播设备、信号制作标准、传送技术等多个方面进行。

（五）接待条件

赛事举办方还要具备一定的接待条件，这一方面的资源对以旅游发展为导向的体育赛事来说尤为重要。具体来说，评价指标主要包括宾馆级别、接待容量、地理位置以及服务人员的服务水平与技术等。

（六）安保条件

安保条件是确保体育赛事安全、顺利举办的重要条件。赛事安保工作的风险程度非常高，安保条件成熟与否应考虑在是否能够成功举办大型赛事的范围之列，包括安保的技术、设施与设备以及相关人员与团队的工作经验等。

（七）赛事运作经验

体育赛事举办方是否具有一定的赛事运作经验也是非常重要的。赛事运作可以说是举办赛事的核心与关键环节，是赛事资源充分发挥效益的重要前提。由于赛事运作涉及各个复杂的环节，一个优秀的赛事运作团队或者丰富的赛事运作经验就成为赛事项目成功的关键。赛事运作团队的经验足、能力高，赛事能够举办成功的可能性就越大。其中，赛事运作团队的背景与赛事运作团队的经验可作为重点考虑的因素。不同背景的团队做事风格不同，所拥有的赛事运作的经验也有不同的侧重点。因此，举办组织需要针对不同赛事的具体要求，选择有不同背景的赛事运作团队。经验直接影响能力，赛事的规模越大，就越需要具有国际化大型赛事运作经验的团队。另外，对经验的考察还需要对赛事的类型进行分析。例如，同样是大型赛事，单项赛事与综合型赛事的经验要求就有很大的不同。

目前，世界上各个国家和地区都非常重视对大型体育赛事在经济方面影响的事前评估。这个过程实质上是指赛事在经济方面是否具有可获利性。对于所有赛事，都需要进行成本收益分析和机会成本分析。只有经过这个过程，赛事才有可能得到重要利益相关者的支持。

对体育赛事进行评估时，不能仅仅从经济方面进行评估，还要充分考虑社会文化与社会环境的评估。因此，国内外有学者提出了赛事综合效应分析。这一分析框架强调了"可持续发展"理念，已得到了全世界的认可。赛事本身是短暂的，但是它给举办地社区带来的影响不应该是"稍纵即逝"的，而必须是长远的或具有"遗产"性质的，不仅包括体育设施设备等有形遗产，也包括志愿者精神、社区凝聚力与公民精神等无形遗产。

第二节 体育赛事目标规划

一、赛事组委会的组建

赛事组委会对赛事的战略性和总体性功能负责,如制定目标、实现目标的策略以及如何治理赛事等,包括对赛事的控制与协调等。领导力是赛事组委会必需且至关重要的特征。

对于体育赛事组委会而言,这一机构既可以是长期的也可以是一次性的。前者是指那些在某一地区定期举办的赛事。后者则是指只在某一地区举办一次或者两次之间要间隔很长时间,而且这种间隔还无法有精确计划的赛事。这也包括在某一地举行而在全球定期巡回举办的综合或单项赛事。

对于一些大型体育赛事,赛事组委会在组建之前还需要有一个非正式的组委会,作为一个临时机构以便产生正式的组委会,这一过程是必需的。

在某些情形下,一些体育赛事会有自己的主管团体,如对奥运会进行管理的国际奥委会。这类主管团体会通过严格的竞选程序将赛事举办权批准给某一国家的政府,一般情况下,赛事组委会则受赛事主管团体和本国政府的双重管治。

二、体育赛事目标设置与任务呈现

"任务"来源于"目标",前者是后者的具体体现,而一个"目标"又可以分解为很多"任务"。任务通常要求更为现实、可度量并且是可达的。例如,某一个体育赛事在环保方面的目标可以具体化为以下任务:"将赛事中的废弃包装材料减少为上一次(届)赛事的50%"。对赛事结果的评价通常需要借助任务完成情况来进行。

第四章 体育赛事的筹划与设计研究

在体育赛事活动中,主要存在组织目标与商业目标两个方面的目标。前者是指赛事所有者设计的组织机构未来发展目标以及具体的赛事活动目标。第一个层次的目标对组织机构的影响更为广泛,并且会影响具体的赛事活动。每一个赛事活动的目标都应符合组织机构的目标。组织机构越庞大,保持目标的一致性就越困难。有时,赛事活动的所有者与其委托的管理机构之间也会有目标冲突,甚至会影响赛事活动的运作和组织机构的成功。后者有很多的具体呈现方式,如实现最大的销售收入、最大的利润,通过提高对股东的分红来提高投资回报以及为组织机构的发展而将利润再投资等。这些量化的目标比较容易通过量化的途径进行评价。此外,也可以设定非财务目标。这对于从事非营利赛事活动的机构来说是非常重要的。然而,即使是非财务目标,其对赛事活动的财务规划和控制也是有影响的。

(一)目标设置

这一过程是对赛事以下五个方面进行规划与设定,以期达到希望的结果。

(1)赛事的规模(如到场人数、收益、需要的工作人员数量、志愿者数量等)。

(2)赛事的地点。

(3)赛事的声望与市场位置(如"要使本赛事在某一地区成为同类赛事中最好的")。

(4)市场营销组合。

(5)财务(如赛事和利润或剩余收益的运用、债务消减、赛事活动的自足性,以保证事件的持续或增长等)。

这一过程对于那些大型体育赛事的战略规划尤为重要,主要出于两个目的:首先,可以动员和激发所有赛事利益相关者在行动目标上的一致性;其次,可以有效地激励相关人员在目标实现过程中的创新。

目标的表述不仅要求在基本角色方面清晰,同时在关键点方面也必须方向明确;同时,它又必须是一般性的,以便赛事举办的过程中组织与管理人员以及其他的利益相关者有足够的实现创造力的空间和灵活性。

根据具体情况的不同,有些体育赛事可以完全按照举办者的意愿设立目标。但是,对那些有国际性或洲际性专门的赛事管理机构的赛事来讲,除了这一部分内容以外,这些赛事的举办方还需遵照这些管治机构既有的目标与任务。通常情况下,这些赛事的举办国家(城市或地区)会根据地方经济、社会与文化等方面的特征将二者结合起来。

从产业经济学角度来讲,体育赛事实质上是一个"投入—产出"过程。因此,我们可以将体育赛事目标分为以下三种类型。

1. 投入目标

投入目标主要集中在如何减少成本或投入以使赛事能够完成。例如,"使赞助商的利益最大化的同时又不损害赛事举办方的利益与使命"。

2. 产出目标

产出目标是与投入目标相对应的,此类目标的内容是指赛事活动所希望得到的结果或取得的成绩。例如:使赛事产生剩余的收益并以此来发展社区的体育与居民的体育参与精神。

3. 规避目标

规避目标是关于如何回避(避免)与赛事有关的负面问题以及减少由此带来的成本的。例如:减少垃圾排放以防止污染自然环境。

(二)任务的呈现

一般来说,任务要比目标更为具体。任务在具体呈现的过程中需要满足以下5个条件:具体化;可测量;可完成;现实;适时。只有满足以上几个条件,任务才能更好地呈现。

通常情况下,任务的呈现还需要有一个重要的前提:赛事的所有利益相关者都必须识别,同时他们的要求需要在这个阶段就被充分考虑,以便使他们能够很好地合作到赛事的规划过程中来。

在体育赛事举办的过程中,任务一旦确定,赛事的组织管理者要求有一个系统和持续的措施以保证后续过程与任务的一致性。赛事的目标与任务需要在整个赛事举办过程中都有所考量。

第三节 体育赛事项目选择与事前评估

一、体育赛事项目的选择

(一)选择体育赛事项目的基本原则

1. 利益性原则

在举办体育赛事之前,需要做好充分的调查,要考虑好该项赛事能否满足主办方的利益需求。利益性原则要求在选择体育赛事项目时,或者对体育赛事项目进行策划时,应当认真考量该项赛事能否为主办方带来利益。原因在于利益性原则不仅是选择和策划体育赛事项目的重要原则,同时也是决定体育赛事项目能够成功的重要标准。

2. 可行性原则

在举办体育赛事时,还需要分析体育赛事是否达到了可行性原则的要求。在筹备体育赛事活动的过程中,需要建设大量的基础设施,需要提前支付大量的费用,故而可行性原则要求在选择和策划体育赛事项目时必须具备一定的物质条件与财务条件,从而为体育赛事的顺利进行奠定稳固的基础。可行性研究是决定是否举办一项体育赛事前必须实施的一项工作,即对与举办赛事有关的经济、社会以及自然等多方面的条件进行调查和研究,对该体育赛事未来产生的经济效益与社会影响进行预测和评价,并且在此基础上对举办该体育赛事的必要性、经济合理性、技术可行性以及其他相关条件进行综合性论证,最终促使决策达到科学有效性。

遵循可行性原则,则要求对体育赛事项目予以可行性分析。首先,需要对体育赛事项目的物质性条件进行深入分析,如上海不适宜举办滑雪和山地自行车等体育赛事,原因在于上海自身的物质性条件无法满足这两项体育赛事的要求。其次,需要对体育赛事项目的经济性条件进行可行性分析,将体育赛事项目形成的资金流在充分考量资金时间价值的基础条件下,通过财务管理的净现值法或者内涵收益法进行测算,立足于经济效益进而确定体育赛事项目的可行性。除此之外,在选择体育赛事项目时还应当从政治方面、社会文化方面以及法律方面来实施可行性分析。此外,赛事举办方在选择体育赛事项目时还要从宏观层面和微观运营方面加以综合考虑。

3. 信息性原则

一般来说,信息性原则属于基础性和关键性原则,原因在于任何体育赛事的选择与策划均要在信息完整的基础上方可进行,任何体育赛事的举办均要经过信息收集、信息加工、信息整理以及信息利用这一过程。在选择和策划体育赛事之前,主办者与管理者需要全方位地调研体育赛事项目所处的总体环境、市场环境以及竞争环境,进而对能够分析出将要举办的体育赛事项目是否可行的多方面信息进行有效收集。站在这一层面的意义上进行剖析,选择和策划体育赛事项目的起点是信息收集。

在收集信息的过程中要注意以下几点要求:第一,收集来的信息应当真实可靠。在信息收集的过程中常常会伴随一些假信息,这些假信息对于选择和策划赛事项目没有任何意义,有时可能还会造成假象,对体育赛事主办方造成严重误导。因此,去伪存真是收集信息后必须做的,此后再对体育赛事项目予以选择。

第二,收集来的信息应当全面立体。全面立体的信息能够有效避免信息短缺与信息遗漏。一般情况下,地区、部门以及环节不同,其信息分布密度和信息生成量也有所差异。倘若信息收集没有做到全面立体,则可能有失偏颇,进而导致最终的结论出现偏差。第三,信息加工要准确及时,市场往往是变化多端的,因此需要决策者审时度势地观察与分析市场变化情况,采取及时有效的策略应对市场的各种变化。

(二)体育赛事项目选择的考虑因素

1. 举办地的自然环境

自然环境是影响体育赛事举办的重要因素之一。对于一些特殊的体育项目,国际体育组织对自然环境有一些特殊要求。例如,帆船、滑雪以及山地自行车项目,主办方要充分考虑举办地的自然环境。一方面,要充分考虑举办地的地理环境和气候环境,具体包括举办地的气候、降水量以及海拔等要素;另一方面,要充分考虑特定体育竞赛对自然环境的具体要求,如帆船比赛对举办地自然环境有相对严格的要求,马拉松比赛对举办地气候条件和周边环境有着一定的要求。

2. 举办地的历史风俗文化

赛事举办地的历史风俗文化也会影响体育赛事项目的选择。城市不同,其历史背景与风俗文化也存在着差异,体育运动中的各项运动项目形成与发展的历史文化背景也不尽相同,因此各项体育运动项目往往拥有不同的地域色彩。体育赛事能否成功的关键因素是城市风俗的独特性。在地域气息浓郁的城市,该城市的体育赛事偏好往往会受到历史风俗文化的很大影响。在选择体育赛事时,城市应该将地区的风俗文化纳入重点了解的内容中,一方面能够对体育赛事的成功举办产生积极影响,另一方面能够促使举办城市的独特文化得以有力弘扬,并扩大举办城市的影响力。

3. 举办地的整体发展战略

在选择体育赛事项目时,还要考虑比赛项目是否符合赛事举办地的整体发展战略,这也是一个非常重要的因素,这将直接影响到体育赛事能否顺利地举办。一般情况下,举办体育赛事要想赢得较好的价值,选择的体育赛事项目则需要与举办地的整体发展战略相符合,倘若体育赛事项目和举办地整体发展战略之间的关联度相对较低,则举办体育赛事的价值也会随之降低。例如,上海作为国际大都市,将城市发展目标设定为建设"现代化的国际体育知名城市",其相继举办了F1一级方程式汽车大奖赛、网球大师杯赛等国际知名的体育赛事,这些体育赛事与上海的整体发展战略的关联度较高,因此具有较高的举办价值。反之,如果上海举办一些级别较低、国际化水平较低的体育赛事,则与上海整体发展战略的吻合程度较低。需要注意的是,也有一些城市会紧抓举办奥运会、足球世界杯赛等大型赛事的机遇,制定城市整体发展规划,这一战略眼光是长远的,对于一个城市的发展具有深远的影响和意义。

4. 举办地的资源条件

举办地举办体育赛事的物质基础,即举办地的资源条件。举办地的资源条件是体育赛事顺利运营得以保障的基础条件,倘若举办地的资源条件无法得到保障,则体育赛事的运营犹如无米之炊。在举办地的众多资源条件中,以下三个资源条件对赛事的顺利举办将产生十分重要的影响。

(1)城市基础设施和体育场馆设施条件

较好的城市基础设施建设是顺利举办体育赛事的先决条件,倘若没有完善的城市基础设施建设作为举办体育赛事的有力保障,则体育赛事的成功举办是难以实现的。与此同时,体育赛事的成功举办也需要良好的体育场馆设施条件作为基础条件和前提条件。一般情况下,由于各项体育赛事在自身需求或者赛事所有权方要求这两方面存在着差异,故而对于比赛场地而言,不同体育赛事具有不同的要求。

（2）赛事运营团队与赛事运营经验

体育赛事运营团队的经验也是影响体育赛事项目能否举办成功的重要因素之一。以国际奥委会对奥运会申办城市的要求为例,其明确规定:"主办城市曾成功地举办过国际和国内的重大体育比赛,其体育设施和组织工作获得有关国际单项体育组织的肯定和认可,在有关国际单项体育组织和世界体坛中,有一定的影响。具有组织大型国际比赛的实践经验,拥有一批能策划、组织、实施大型国际比赛的专家和技术人员,有足够的能力、技术、场馆、设备和人才,把奥运会组织好。"与此同时,国际足联也明确指出:申办足球世界杯必须在举办国际性足球比赛方面拥有丰富的经验。由此可见,赛事运营团队的经验将对赛事的成功举办产生重大影响。

（3）住宿、餐饮、安保等保障性条件

在体育赛事举办期间,赛事举办地的人数非常多,因此对赛事举办地的住宿条件和餐饮条件要求较高。一般来说,必须要满足以下两个方面的条件:一是质量方面的要求,即许多体育赛事的运动员、官员以及观众对宾馆和饭店的级别要求相对较高,一般会选择五星级酒店;二是数量方面的要求,在体育赛事的举办期间,短时间内聚集在举办地的外来人员数量较多,所以举办地必须拥有大量的宾馆和饭店提供给外来人员。

体育赛事的安保工作非常重要,它是指对体育赛事的比赛现场、重大活动现场、比赛驻地以及其他相关场所提供安检、交通疏导、消防应急等方面的服务,进而促使与体育赛事有关的人员的人身安全和相关设施安全得到有效保障。体育赛事的安保工作不仅是保障体育赛事成功举办的根本条件,同时也是衡量体育赛事成功与否的重要标准。体育赛事安保工作的风险指数很高,原因在于体育赛事的服务对象数量众多、背景复杂、涉及范围较大,主要服务对象包括参与体育赛事的运动员、教练员、裁判员、观众、官员以及媒体等。安保方面出现的任何问题都将会获得全社会的大范围关注,倘若在安保问题上出现任何失误,并且没有得以很好的控制,则会造成整个体育赛事出现前功尽弃的结局。

5. 与举办地形象以及居民需求的吻合程度

体育赛事的举办能否促使举办地的城市形象得到提升的重要因素是体育赛事项目和举办地的城市形象是否符合。如果某个体育赛事项目的整体形象和举办地的形象吻合程度不高,那么强化外来观众或者游客对该城市的良好印象则相对不易,有时候可能会对强化举办地的美好印象产生消极作用。以上海为例,其城市形象常常与"现代、时尚、国际化、品质"等关键词紧密联系在一起,针对这一情况,高级别的网球、高尔夫球以及赛车等体育赛事适宜在上海举办。

一般来说,体育赛事门票市场状况和政府对体育赛事的需求这两个方面,均会受到体育赛事和居民需求这两者的相符程度的直接影响。通常情况下,体育赛事和居民需求越符合,则体育赛事的市场状况越好;体育赛事和居民需求相差越远,则体育赛事的市场状况越差。体育赛事和居民的实际需求两者间的吻合程度越高,则其更容易赢得居民的支持与欢迎,故而在对体育赛事进行选择的过程中,应当充分考虑体育赛事和居民需求的吻合程度。

二、体育赛事项目的事前评估

(一)体育赛事事前评估的概念

分析项目管理的相关立论能够得出,宏观层面上的事前评估是指在体育赛事项目的前期决策阶段,从体育赛事项目的整体角度出发,紧密结合国民经济以及与项目有关的利益主体不断发展的实际需求,多方面评估体育赛事项目和备选方案。对项目和项目备选方案具备的可行性和优缺点进行科学识别与分析,是对体育赛事项目进行事前评估的根本目的所在,在此基础上对项目做出决定或者对项目方案做出取舍。换句话说,体育赛事事前评估是指在项目决策之前,科学评估体育赛事项目的必要性和可行性,立体全面地论证和评估体育赛事项目的不同备选方案,论证和评估的内容包括备选方案的社会、经济、环境、技术以及运行条件等。

立足于项目管理的角度进行分析,体育赛事事前评估是指:"在赛事举办地尚未决策举办某一赛事之前,对赛事所进行的综合论证与评估,其根本任务是对举办体育赛事的必要性和可行性进行分析研究和评估论证。"

具体而言,体育赛事事前评估是指在选择举办或者申办体育赛事之前,决策主体深入调查、研究和体育赛事有关的经济资料、社会资料以及自然资料,对可能的投资方案进行比较与分析,对举办某一体育赛事未来将要得到的社会效益和经济效益进行评估。在此基础上,对体育赛事举办的必要性、经济方面的合理性以及体育赛事举办条件的可能性、可行性进行全方位论证,进而为投资和决策体育赛事提供科学有效的根据。

体育赛事比较独特,一般情况下,在相同的时间内不易出现同时举办的相同级别或者相同类型的体育赛事,所以体育赛事事前评估仅能够评估某个具体的体育赛事。通常评估和比较其他备选体育赛事的过程不属于体育赛事事前评估的范畴。

(二)体育赛事事前评估的特征

体育赛事事前评估非常重要,这是评估体育赛事是否具备申办资格的重要环节。总的来看,体育赛事事前评估主要具有以下几个方面的特征。

1. 预测性特征

体育赛事事前评估是在赛事举办之前进行的,其所使用的数据资料主要包括两类。第一类是指和体育赛事以及举办地相关的多方历史数据,即以往举办的相似体育赛事的有关数据资料;第二类是指和体育赛事项目以及举办地相关的多方预测数据,即依照以往经验估算和预设的数据。由于即将可能举办的体育赛事项目是体育赛事事前评估的对象,因此当对某一地区体育赛事项目的必要性和可行性进行论证和评估时,仅能运用历史数据和预测数据。历史数据与预测数据的具体内容有体育赛事项目所涉及的经济、市场、运行条件和社会、环境效益等多方面的历史和预测数据,以及与体育赛事项目相关的各种因素发展趋势预测的分析数据。因此,预测性是体育赛事事前评估的一个重要特征。在对体育赛事进行评估时要高度重视这一点。

2. 系统性特征

体育赛事事前评估是一个比较全面的评估,因此必须要具有一定的系统性。因此,系统性也是体育赛事事前评估的重要特征。体育赛事事前评估的系统性特征表现在体育赛事事前评估所涉及的内容之中,包括对于体育赛事举办的基础条件、体育赛事与城市的契合度、体育赛事给城市带来的效益等多方面的整体评估。体育赛事事前评估同时要考虑涉及赛事项目的各系统内部因素和各种外部环境因素,以及这些因素之间的相互关系,具体因素有居民对赛事的支持程度,政府的态度,举办地的政治、经济、社会环境,举办赛事的基础设施等。这些系统性要求在体育赛事事前评估中,要将体育赛事举办的基础条件和可能给举办地带来的效益综合考虑,同时还要特别注意体育赛事经济效益和社会效益的有机统一:即必须从举办体育赛事的可行性和必要性以及体育赛事的经济、社会等综合效益的角度出发对体育赛事项目进行深入分析。

3. 实践性特征

实践是评估体育赛事项目原理和方法的源泉,因此体育赛事事前评估也具有重要的实践性特征。与此同时,体育赛事事前评估还服务于体育赛事的决策实践部分,因此,也对体育赛事事前评估具有实践性要求。

体育赛事事前评估的实践性特征主要体现在以下几个方

面:第一,要求体育赛事项目一定要来源于某一个地区社会、经济发展以及地方居民的实际需求;第二,要求被评估的体育赛事项目一定要与举办地的政治、经济、社会等方面的条件相符合;第三,要求体育赛事事前评估中所使用的数据必须符合实际情况,而不能主观臆造,甚至连体育赛事事前评估中的各种参数也必须来源于客观实践,而不能依赖评估者的臆造或学者纯理论的探讨。

除此之外,体育赛事事前评估还要遵循实事求是的基本原则,要结合赛事举办方及举办地的实际情况科学地评估。通常情况下,体育赛事事前评估的结果通常均要求进行更深层次的实践检验,甚至需要进行事后评估,进而检验其准确性。

(三)体育赛事事前评估的内容

总的来看,体育赛事事前评估的内容体系主要包括三个部分:一是体育赛事项目运营环境评估、体育赛事项目的财务评估;二是体育赛事项目社会、经济、环境影响评估;三是体育赛事项目综合评估(图4-2)。这三个部分缺一不可,将直接影响到体育赛事能否顺利地申办成功。

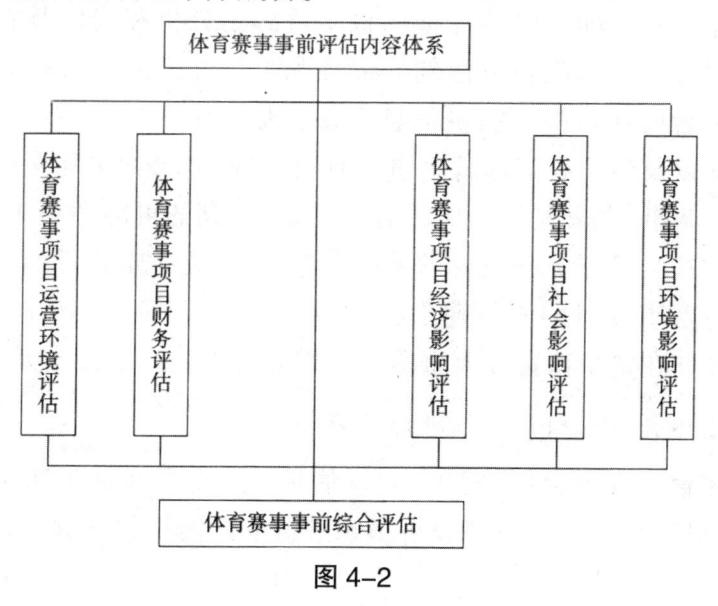

图 4-2

1. 体育赛事项目运营环境评估

体育赛事项目运营环境主要是指赛事项目运营中所面临的各种运行和支持条件。体育赛事运营环境评估不仅对于项目举办的可行性有决定性影响,而且对于赛事项目的经济效益、社会效益也有很重要的影响。因此,赛事项目运营环境的评估十分重要。体育赛事项目运营环境评估的主要内容包括:体育赛事运营的各种资源条件的评估,这是对体育赛事项目运营的各种输入条件的评估;体育赛事项目所面对的市场条件的评估,这是对赛事项目运营的各种输出条件的评估;体育赛事项目运营宏观条件的评估和体育赛事项目的竞争环境评估,这是对赛事项目运营所涉及的市场竞争情况的评估。体育赛事项目运营环境评估主要是针对赛事运营所面临的各种环境条件的全面评估,是从体育赛事项目运营条件出发进行的项目可行性分析和研究。

2. 体育赛事项目的财务评估

体育赛事项目的财务评估是从项目投资者的角度对体育赛事项目的收入和支出情况的预测和分析。评估中所使用的主要指标包括体育赛事项目投资利润率、投资收益率等盈利能力指标。体育赛事项目财务评估的根本目的是分析和确认其在运营主体财务和成本收益方面的必要性和可行性,考察其盈利能力,为投资者的项目决策提供信息支持。鉴于体育赛事项目的外部性特征以及当前我国体育赛事运营市场的环境,如果完全靠企业来运营赛事,尤其是大型的体育赛事,其盈利的可能性很小,而且盈利往往也不是某一地区举办体育赛事的最主要的目的。再加之体育赛事项目的筹备期不长,财务相对比较简单等情况,当前财务评估在整个体育赛事事前评估中显得不是特别重要。

3. 体育赛事项目的经济影响评估

体育赛事项目的经济影响评估是从举办国家或城市的角度出发,对体育赛事项目的经济影响进行的全面评估。这一评估的

第四章 体育赛事的筹划与设计研究

目的一方面是为了选择对城市经济推动较大的体育赛事项目,另一方面是为了防止出现对投资者或企业有利,而有损城市和全社会经济利益的体育赛事项目。由于体育赛事项目具有较强的外部性,它对举办城市经济的拉动作用明显,这也是许多城市选择举办体育赛事项目的重要原因之一。实际上,评价一个体育赛事项目的优劣首先要看该项目对城市和社会发展所做贡献的大小。因此,体育赛事项目经济影响评估不仅是体育赛事项目评估中最重要的环节之一,同时也是整个体育赛事事前评估的重点。

4. 体育赛事项目社会影响评估

体育赛事项目社会影响评估是指对因体育赛事项目的举办而对城市的社会心理、社会价值观、社会政治等方面产生的影响的分析与评估。体育赛事与城市社会生活的诸多领域之间都有着千丝万缕的联系,社会环境对体育赛事的成本与效益必将产生或多或少的影响。因而,对体育赛事项目不仅要进行经济方面的评估,还要从城市各项社会发展目标的角度出发去分析和评估赛事的利弊得失,选择出在社会影响方面可行的体育赛事项目。体育赛事,尤其是大型国际体育赛事对举办地社会的影响面较广,这些影响既可能是定量的,也可能是定性的,有些影响可能对举办地社会所起的作用不大,有些影响则对举办地社会有举足轻重的作用;体育赛事社会影响评估包含的内容也较多,且具有多目标性和多层次性的特点。体育赛事社会影响评估要在立足于"突出重点"的基础之上,结合体育赛事项目的特点,充分重视评估的主要内容及其选择与确定。在具体赛事项目的社会影响评估中,要根据项目社会影响评估指标的权重安排评估内容,并且要首先对具有"一票否决"权的评估内容进行评估。在特殊情况下,只对重要指标和内容进行分析预测和测算,而其他方面可以不作评估,这一点需要引起重视。

5. 体育赛事项目环境影响评估

体育赛事环境影响评估是指赛事举办之前,在充分调查研究的基础上分析项目可能给自然环境带来的影响,然后作出全面、科学的定量与定性预测,最终利用分析预测的结果指导赛事的决策与实施工作。一般情况下,除了需要大量新建场馆的体育赛事项目,以及滑雪、汽车越野等与自然环境关系较密切的赛事需要重点考虑其环境影响之外,其他赛事通常并非一定需要进行体育赛事环境影响评估工作。

6.体育赛事事前综合评估

体育赛事事前综合评估是在上述各专项评估的基础上对赛事进行综合分析,并提出结论性意见,给决策者提供一个简明直观的判断依据的评估。对体育赛事项目从整体上进行综合评估,形成一个科学的评估意见是十分重要的。体育赛事事前综合评估要遵循科学性、客观性、导向性、可行性原则。在体育赛事事前综合评估中,要基于系统的分析比较、综合集成原理,按照定性与定量方法相结合、专家与决策者相结合、经验与现代数学方法相结合的原则选择合理的综合评估方法。总之,体育赛事事前综合评估绝不是一个随意简单的事情,而是一个主客观信息综合集成的复杂过程。

(四)体育赛事事前评估的系统

具体而言,评估是指依照明确的目标对测定对象的本质属性进行测定,同时把测定对象的本质属性转化为主观效用的行为。故而,在常见的评估系统中,包括评估主体、评估客体、客体属性以及主体评估标准等基本要素。客体属性是指客观存在的,要求评估主体认识与判断的;评估标准是指评估主体主观意识的体现,和评估目的具有密不可分的联系。和一般评估系统的构成要素相同,体育赛事事前评估系统的构成要素包括评估主体、评估客体、评估标准、评估目的等。以上构成要素并非以独立的形式存在,而是彼此关联、彼此影响的。评估系统初始阶段的核心内容是分析体育赛事事前评估系统以及不同要素之间的关系。与

第四章 体育赛事的筹划与设计研究

此同时,评估系统初始阶段的核心内容对体育赛事事前评估活动是否能够成功实施,且获得准确、科学、有实践指导意义和理论研究意义的评价结果具有极为关键的影响。

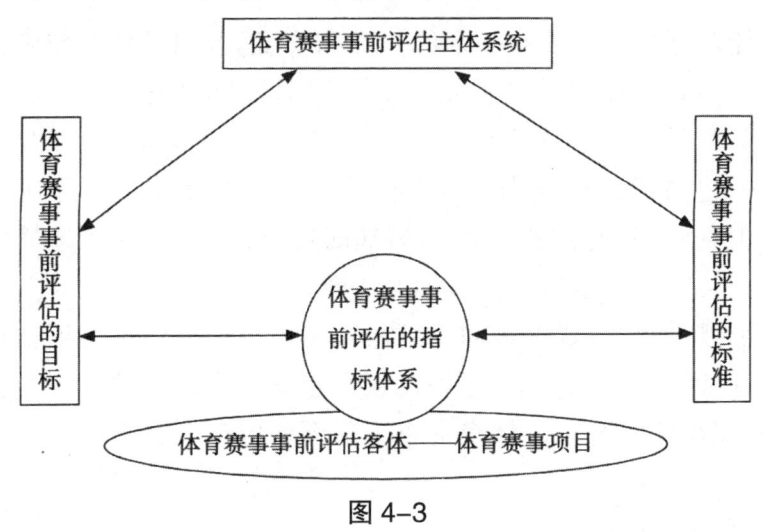

图 4-3

如图 4-3 所示,体育赛事事前评估主体系统、体育赛事事前评估的目标、体育赛事事前评估的标准以及体育赛事事前评估客体——体育赛事项目四个紧密相关的基础性要素共同组成了体育赛事事前评估系统。决策主体和评估主体确定了体育赛事事前评估的目标;体育赛事事前评估指标体系是由评估目标经过与体育赛事项目自身属性和运行环境相结合最终形成的;体育赛事事前评估的标准是评估活动做出价值判断的基准,可以是历次评估活动结论的总结,也可以是评估主体价值观或主观效用的体现。体育赛事事前评估的主体通过评估指标体系,对体育赛事项目能否在某一地区举办这一问题进行分析,并形成最终的评估结论。

在设计体育赛事事前评估的具体过程中,首先应确定好评估的目的,然后制定合理的评估指标和标准,这是非常重要的步骤。倘若评估主体没有科学分析与把握评估系统结构以及系统内各个要素的特性及其相互关系,则体育赛事事前评估的价值导向不清、评估目的不明确、评估指标体系选择不合理,这将严重影响到体育赛事评估工作的顺利进行。

(五)体育赛事事前评估的标准

任何评估都需要有一定的标准和尺度,否则评估工作就无法进行。体育赛事事前评估是评估主体对赛事项目与价值主体需要之间的价值关系的评判,在评估过程中也要依据一定的尺度,即以一定的评估标准来进行。要评估主体对赛事项目作出正确的价值判断,就必须符合评估标准的要求,而评估标准选择的正确与否又直接决定着评估活动的成败。

可以说,体育赛事事前评估主体对体育赛事项目的评估活动是一种特殊的认识过程,这一过程是建立在实践基础上的合目的性、合规律性的统一。体育赛事事前评估应符合以下几个方面的标准。

1. 合目的性

体育赛事事前评估的合目的性是指赛事事前评估活动与社会公众及其现实需要相符合的性质。在体育赛事事前评估中,评估主体必须以"内在尺度"来评判体育赛事项目的必要性,"内在尺度"即社会公众的一定需要和目的。只有与社会公众的利益相一致、满足了价值主体的一定需要和目的,为社会公众所肯定和认同的赛事项目,才有举办的必要性和价值(正价值);而与价值主体的利益、需要和目的相冲突、相排斥,则往往被主体视为没有举办的必要或根本无举办价值,甚至是负价值。需要注意的是,体育赛事项目价值主体的需要和目的存在着是否具有合理性的问题,只有满足主体合理需要的体育赛事项目才有价值。

2. 合规律性

体育赛事事前评估的合规律性是指体育赛事事前评估活动与体育赛事项目的本质和规律相符合的性质。在体育赛事事前评估中,评估主体还必须以"外在尺度"来评判赛事项目举办的可行性。"外在尺度"即体育赛事项目与举办地自身的本质和规律性。它对价值主体的需要和目的起着一定的制约作用。客观要求评估主体在体育赛事事前评估中不能仅仅以价值主体的需要和目的作为评估的唯一标准,同时也应尊重赛事项目本身的本质和规律,评估主体对赛事项目属性的需求必须与体育赛事自身的本质和规律性相一致。

3. 来源于实践

一般来说,来源于实践主要从两个方面来理解:一方面,体育赛事事前评估的要素都是存在于社会实践之中的。评估主体是生活于实践中现实的、具体的人。价值主体的需要和目的是人们在长期的实践中形成和积累起来的。体育赛事项目本身是进入人的实践活动范围的特殊实践,而赛事项目的价值属性也是价值主体在赛事运营实践中创造的。另一方面,体育赛事项目的价值是在社会实践中实现的。人们在赛事运营的具体实践中创造了赛事价值,赋予了体育赛事项目价值属性,同时也必须进一步在赛事运营实践中实现其价值,使其由"潜在的价值"转变为"现实的价值"。

第四节　体育赛事的申办

在现代体育产业高度发展的背景下,大量的体育赛事纷纷涌现出来,而体育赛事的资源则是相对有限的,因此体育赛事的竞争非常激烈。对于一些著名的品牌赛事来说,不同国家、地区以及城市的竞争更为激烈。站在体育赛事所有者的角度出发,体育赛事同样需要不断扩展其生存空间,选择让更多的城市、地区和国家有机会承办赛事,进而对推广体育赛事品牌发挥更大的积极影响,为其赢取更加广阔的赛事市场。通过这两方面的努力能够推动体育赛事的申办逐步成为确定体育赛事举办地或承办机构的常用方式。这里将简要介绍国际与国内等不同赛事的申办程序与方法。

一、国际重大体育赛事的申办

国际重大体育赛事通常是指多个国家、地区代表团参与的大型综合性运动会及单项体育赛事,如奥运会、世界大学生运动会以及由国际包括洲际单项运动联合会组织的单项赛事。这类由国际体育组织主办的运动会,均已形成体系并建立了较为规范的申办程序。通常都是由主办地或国家、当地政府或体育组织按规定向主管组织或国际体育组织提出申办报告,然后由该组织进行考察和评估,最后由体育组织成员代表投票决定。这里以奥运会和亚运会的申办为例进行分析。

（一）奥运会的申办

一般来说,只有国际奥委会才拥有奥运会主办城市确定权。为保证奥运会筹备工作时间充足,欲举办奥运会的城市须在奥运会举办前8年向国际奥委会提出书面申请;由国际奥委会和有关的国际单项体育联合会对其进行考核并确定申办城市。正式投票确定举办城市是在奥运会举办前7年召开的国际奥委会全会上,由全体委员秘密投票决定。在投票中,某个申办城市获得半数以上选票即被确定为主办城市;在几个城市争办的情况下,采取多轮投票的方法,每一轮投票淘汰票数最少的城市。如果两个城市票数同样少,则增加一次专门为这两个城市的投票,从中淘汰一个。

1999年在"盐湖城丑闻"发生后,国际奥委会对申办程序进行了改革,其中两个方面非常重要,一方面,增加是否接受申办的步骤,从而一开始就将缺乏举办奥运会基本条件的城市淘汰掉;另一方面,不允许国际奥委会委员访问、考察申办城市,也不允许申办城市代表拜访国际奥委会委员。

（二）亚运会的申办

亚运会主办城市确定权归属于亚洲奥林匹克理事会。亚洲奥林匹克理事会是亚洲地区被授权组织和管理奥运会、洲际赛事、国际体育赛事的唯一机构，它还负责全亚洲的奥林匹克运动的发展以及奥林匹克精神的发扬光大，并负责解决亚洲国家、地区之间以及亚洲国家、地区与其他非亚洲国家、地区之间发生的体育纠纷，即等于是亚洲的"国际奥委会"。以前亚运会的申办，参与的城市并不多，早期尚需动员。从1990年第11届亚运会开始，才开始有竞争的申办活动。要申办亚运会，尽管实力十分重要，但绝非仅靠自身实力就可以把握大局，它同时也是东亚、东南亚、中亚、南亚、西亚地区政治力量的一场博弈。

与奥运会不同，申办亚运会的时间一般在亚运会举办的6～7年前，其主要程序是：第一，亚奥理事会向各会员国家和地区，发出亚运会的申办通知；第二，有申办意向的城市最后截止日期前向亚奥理事会提交申办意向书，同时交纳一定数额的报名手续费；第三，接到亚奥理事会同意申办的文件后，申办城市开始编写申办报告书，准备迎接亚奥理事会考察团的考察；第四，各申办城市向亚奥理事会提交申办亚运会的报告书；第五，亚奥理事会派出考察评估团赴各申办城市，进行实地考察和民意测试；第六，经过亚奥理事会评估，通过审查的申办城市参加竞选陈述会，最后由亚奥理事会代表大会投票表决亚运会承办城市。申办亚运会要严格遵守以上程序和步骤，申办者要做好充分的准备工作。

二、国内重大赛事的申办

一般来说，国内主办的重大赛事主要分为两类：一类是按奥运会项目设置并以竞技体育为主要目标与任务的全运会、城运会、省运会、大运会、中学生运动会、全国锦标赛、全国冠军赛、全国联赛,包括与之相对应的省级比赛;另一类是以非奥运项目设置的群众体育、娱乐体育、特定人群参加的赛事,如残疾人运动会、农民运动会、少数民族运动会等。

由国家体育行政主管部门主办的,按奥运会项目设置的大型综合性运动会,主要是按照以下程序申办:省级政府向国家体育总局提出申办请示,国家体育总局竞技体育司分析申报材料,并牵头组织其他职能单位对申办地进行考察和评估,提出评估报告,由国家体育总局办公会研究提出明确意见,报国务院批准。

由国家体育行政主管部门主办的,按奥运会设项的重大单项赛事,通常通过举办全国竞赛工作会议和竞赛招标会,进行招标。由省级体育行政主管部门批准的组织或机构投标,也可通过省级体育行政主管部门直接向国家体育总局的项目管理中心提出申请,该项目管理中心商总局竞体司等职能部门同意后,报体育总局批准。现在这一类体育运动,开始逐步走向社会化、市场化,已有非体育组织或者非公有制法人单位申请承办了。但现行体制仍然规定主要由省级体育主管部门审查后,国家体育总局才予以批准或认可。

申办非奥运会赛事,可以采用以下几个途径。

第一种是大型综合性运动会。如有意向,主办地政府向该项目运动会的主办机构——行业体育组织提出申办报告,如残运会向残疾人体育协会、农运会向中国农民体协、大中学生运动会向全国大中学生体育协会申请。而这些体协通常都是相应的部委所属的体育组织,所以一般都是按照谁主办、谁审批、谁负责的原则和渠道审批与管理。多个部委共同主办的,由为主负责的部委牵头,商其他部委的体育组织同意。由于行业的归口管理,我国这一类赛事,无论哪个部委所属体协主办,都会商得国家体育总局同意,大型综合性运动会则必须报国务院批准。

第二种是单项体育赛事。由申办者向国家体育总局或下属职能司、项目管理中心直接申请审批或经总局同意后由职能司、项目管理中心发出批准文件。也可以由各相关行业体协审批。

但行业体协主办的单项赛事通常是本行业内的比赛。

第三种是军队的体育赛事。由总参军训部体育训练局审核,中央军委领导批准。而集团军及相关军兵种赛事或省级军区举行的体育赛事则一般由上一级军队领导机关批准,由承办单位按主办单位的要求来管理与实施。

综上所述,现阶段国内体育赛事申办一般是按谁主管谁审批就由谁管理,谁申办就由谁承办并具体实施。凡是涉及全国大型综合性运动会必须经过国务院审批。凡是涉及跨国家组织的赛事,通常都是先由国家体育总局批准再提交该项目的国际组织审批。一般来说,主要涉及港、澳、台的体育赛事须先报政府主管部门港、澳、台办公室,对方同意再报体育行政部门审批。

(一)全国运动会的申办

1959年9月,第一届全国运动会在北京举行。自此之后,四年一届的中国国家运动会成为中国水平最高、规模最大、影响力最深远的体育盛事,也是一项综合性的体坛盛会,在社会上都有着广泛的影响力。

前四届全国运动会由北京举办,从第五届开始,全国运动会由北京、上海、广东三地轮流举办。随着我国综合国力的提升及各地区经济的日益发展,全国许多省、市都具备了举办全国运动会的能力。国家体育运动委员会于1994年决定采取申办办法确定全国综合性运动会的承办地点,并于同年9月8日正式印发了《全国综合性运动会申办办法(试行)》。2000年10月18日国家体育总局向国务院上报了《关于申请放开全运会由北京、上海、广东三地轮流举办限制的请示》,同年12月2日国务院批示:"同意取消全运会由北京、上海、广东三地轮流举办的限制,允许有条件的省、自治区、直辖市申请举办全国运动会。"我国各省、自治区、直辖市都具有申请承办全运会的权利和义务。全运会参加单位也可申请协助承办全运会的部分项目。自此,全国运动会开始采取申办办法确定承办单位。2005年10月在江苏省举行的第十届全国运动会即为第一次采取申办形式确定承办单位的全国运动会。

全运会的申办程序主要包括申请、考察、评估、确定公布四个环节。

（1）由主办单位向全国省、自治区、直辖市发出申办通知。

（2）申办单位向主办单位递交申请书，同时报省一级人民政府同意申办的批复文件。

（3）主办单位接到申请文件后，认为符合申办条件的，及时复函申办单位，接受其申请。申办单位的候选资格被正式确认。

（4）申办单位在规定的时间内，按照内容、格式要求向主办单位递交申办报告。

（5）主办单位对申办单位进行实地考察，了解情况后完成考察报告。

（6）主办单位召开申办工作会议，听取申办报告、考察报告、对申办单位进行评估。

（7）主办单位初步确定承办单位，上报国务院批准。

（8）主办单位与承办单位签订综合性运动会委托承办协议书。

一般情况下，申办单位候选资格的确认要遵从以下几个原则：申办地政府的支持和可靠的财政保证；申办地安定的社会环境和良好的社会秩序；场馆设施已初具规模，无须再大量投入资金新建场馆；接待、交通、邮电通信设施等方面基本具备条件；具备较高的竞赛组织管理水平。

从全国运动会的申办程序及内容，可以看出这实际上是建立了一种竞争机制，对于加强全国运动会的系统管理，充分发挥全国运动会的综合影响，带动和展示申办地经济和社会的发展，都具有深远的影响。

（二）国内铁人三项赛事申办

（1）由中办铁人三项比赛的当地政府、体育主管部门或企事业单位、公司等向中国铁人三项协会提出意向书面申请，并在意向申办报告上注明拟申请比赛的名称、比赛时间、地点、规模、经费来源及申办缘由。

（2）中国铁人三项协会派技术官员赴赛区对比赛路线、场地等情况进行实地勘测和考察。

（3）中国铁人三项协会将根据年度竞赛工作安排,在进行实地考察后,再根据赛区的实际情况进行审批。赛事申请单位在得到中国铁人三项协会的初步同意举办比赛的意向后,双方应签定合作举办赛事的意向（或正式）协议,同时由申办铁人三项比赛的当地政府或体育主管部门向中国铁人三项协会提出正式书面申请报告,报告上应注明申请比赛的正式名称、比赛时间、地点、规模、经费来源及申办缘由。正式申办比赛报告书中应同时附有二至三套比赛路线设计图及水质化验报告。还应附有比赛当月及当天预计的气温、水温资料。

（4）申办比赛的当地体育主管部门应负责向上级体育主管部门上报备案,并按国家体育总局颁布的《全国体育竞赛管理办法》的规定向中国铁人三项协会提供省级体育主管部门同意举办比赛备案文件或批复。

第五节 体育赛事的规划与设计

体育赛事的规划与设计是体育赛事管理的重要内容之一,作为一名赛事管理人员,一定要具备良好的体育赛事规划与设计能力,这将直接影响到体育赛事能否顺利地举办。

一、体育赛事结构的规划与设计

（一）体育赛事规划要素

以体育竞技活动为中心,体育赛事的规划设计包括的内容

（或要素）具有明显的"圈层性"，由里到外可分为三个层次（图4-4）。

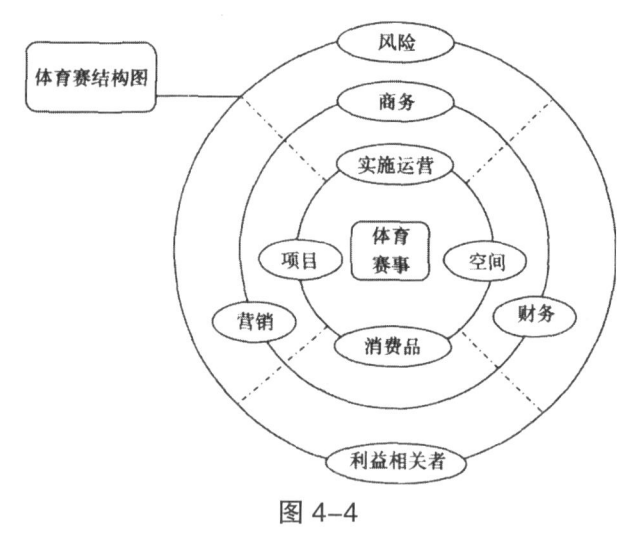

图 4-4

第一圈层由体育赛事的三个最基本要素即"体育活动项目""空间（场地与场馆）""赛事消费品"和围绕这三个基本要素的赛事的运营规划构成。

体育赛事总体规划的第二圈层包括商务、市场营销、财务三个方面。"财务"与"商务"两个方面的规划都涉及赛事运营的资金或经济来源问题。但是，前者通常指赛事举办所需资金的预算与筹措，包括获取赞助、从政府或公共组织获得经济支持等。后者则主要是指赛事主体利用赛事本身资源，通过与一些组织或企业进行商务合作以获得经济收益，如赛事转播权的转让、与赛事品牌相关的特许商品的开发与经营等。市场营销则是将赛事作为一项产品通过各途径将其信息传达给目标市场的过程。这些目标市场既有观众，也有赞助商和媒体等。

体育赛事总体规划的第三圈层（最外层）主要包括"危机管理"与"利益相关者"管理两个领域。体育赛事，一个最大的特点就是在有限的时空范围内聚集大量的人流与物流，不确定性与不可预知性在赛事举办过程中是难以避免的。通常一项赛事（尤其是大型的一次性赛事），不太可能完全像规划设计那样运营。因

第四章 体育赛事的筹划与设计研究

此,为了应对各类管理的应急规划对于体育赛事来说至关重要。

要想保证体育赛事的顺利进行,需要综合考虑不同人群的综合利益。如何最大限度地确保各自的最大利益而不损害其他人群的利益也是十分重要的。这对于那些利益导向的赛事尤其重要。因此,利益相关者管理规划也是重要的内容。

在体育赛事管理中,体育赛事的危机管理与利益相关者管理两个方面的规划内容涉及前面两个圈层中的所有因素。因此,它们的规划对于整个赛事来说往往起着"统罩"作用,需要从整体或宏观的角度进行规划。因此,将它们安排在赛事详细规划圈层的最外层更符合逻辑。

(二)体育赛事结构类型

体育赛事结构是指赛事组委会为了赛事的合理运营与管理而将举办赛事的任务分解成不同且相互关联的"角色分工"而形成的各种管理组织结构。这些角色会分派给有关工作人员并表示他们理解各自的角色功能以及角色之间的纵向与横向关系。因此,从本质上说体育赛事结构的设计是一个劳动分工的过程。

在具体的实践过程中,赛事的结构通常运用图表的形式呈现。图表由方框(或圆框)和连线构成。前者表示任务区,连线则表明不同任务区之间的关系。一般来说,邻近区域之间需要更多的合作和/或者协调。考虑到体育赛事类型、规模与水平等的差异很大,赛事结构也应该是多样化的,一般来说,主要有以下几种结构类型。

1. 简易结构

在这种结构中,赛事经理人员几乎集中所有的决策过程,并因此对赛事活动及其人员具有完全的控制权。这类赛事结构具有较好的灵活性,对环境的可适应性,也具有较清晰的任务说明性。这类赛事结构要求事件经理人员是一个管理理论与技术方面的"多面手"(图4-5)。①

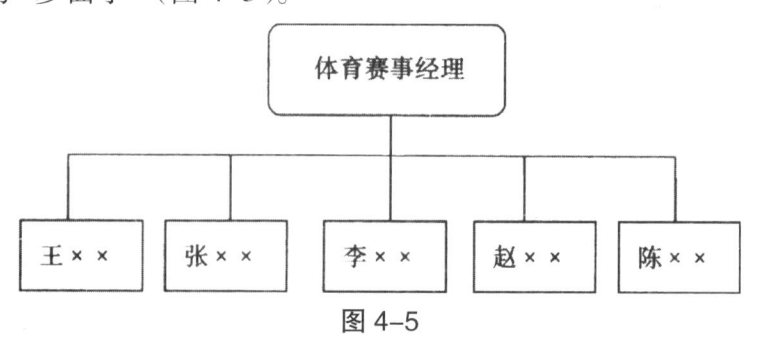

```
           体育赛事经理
    ┌────┬────┼────┬────┐
   王××  张××  李××  赵××  陈××
```
图4-5

当然,需要注意的是这种赛事结构并不是万能的,其自身也有一定的缺点。这突出体现在以下几个方面。第一,员工可能不能获得高水平的技能,因为他们没有机会进行专业化的工作。第二,由于经理人员的工作领域多,任务繁忙,因此,决策的速度也会相对较低。第三,如果事件经理是一个独裁风格的管理者,其下属就有可能因为他们的技能得不到应有的运用或重视而变得被动和意志消沉。

2. 基于功能的赛事结构

这是到目前为止,体育赛事管理中最为常见的组织结构类型。它基于部门化,即将相关任务"组团化",鼓励部门分工的专门化。因此,职责的重叠可以通过详细的结构设计而避免。图4-6为澳大利亚网球公开赛的赛事结构图。②

这类结构的优点在于:首先,个体或群体可以安排专门的工作任务,从而可以有效地避免职责的重叠现象出现。其次,可以根据赛事管理的需要比较容易地增加新的功能区。局限则在于:首先,由于分工过于明细化和专门化,不同部门的员工之间由于不理解对方的工作性质与内容而有可能导致部门之间协调的困难。其次,不同的部门或功能区有各自的利益追求,有可能导致它们之间出现冲突。

---

① 陶卫宁.体育赛事策划与管理[M].重庆:重庆大学出版社,2015.
② 同上。

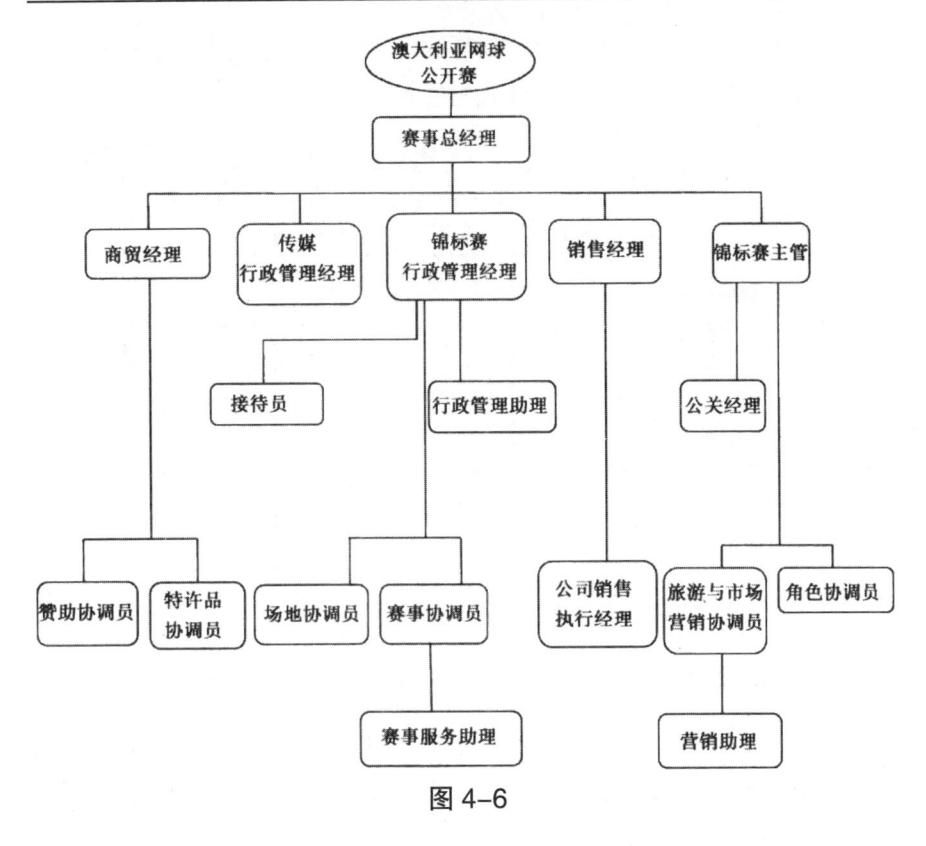

第四章 体育赛事的筹划与设计研究

图 4-6

3. 基于活动/项目的"矩阵"结构

这类结构将体育赛事的活动或项目看成是分离的实体。这种结构类型特别适用于在多个地点举办的单项赛事(最有代表性的就是在某个国家不同城市同时举办的世界杯足球赛)。这些赛事的性质相同,但在不同地点举办,从而形成一个个赛区。每个赛区会安排一个分委会以负责这个赛区的所有跟赛事有关的事务。

对这类结构而言,从全盘或总体上让整个赛事顺利运营而不出现赛区间的协调或者职权方面的问题是一个主要的挑战。相应地,一些基础性服务(如安保、交流以及技术支持等)都要求贯穿所有的赛事活动与赛区。每一个执行这类服务的员工或者被安排到某一个赛区,或者被要求在各个赛区进行巡视。每一项基本的服务都必须有自己的委员会,或者至少有一个监督员。他们与负责具体赛事运营的委员会是分开的。这种类型的赛事结构的主要优点在于,每一个赛区内的工作人员会直接受任务的鼓励,有助于组织内的交流与合作(图4-7)。[①]

支持系统	分委会			
	场地A	场地B	场地C	...
通信保障				
交通				
安保				

图 4-7

4. 多组织结构

这种结构建立在现代产业分工越来越细和市场化程度越来越高的经济环境基础之上。赛事组织举办主体将一系列产品与服务通过现代合同等契约方式转让给外部的企业或组织。实际上,这种组织结构还有一定的"虚拟"性质,因为赛事一旦结束,这个松散的组织就会很快解散。

这种类型的结构主要有以下四个方面的优点:一是,体育赛事是短期的,赛事组织举办主体通常没有能力也没有必要维持大量的人力资源。这种结构能有效地解决这个问题。二是,承接这些产品与服务的公司或组织通常掌握了某一领域内最为先进的技术与经验,能有效地保证赛事的顺利进行并为消费者提供优质的产品。三是,赛事预算会变得更为精确,因为一系列成本的控制都通过合同的形式让渡给了相关企业。四是,赛事的决策层人员可以精简,这使得决策的效率很高。缺点则表现在:一是,赛事主办主体对那些合同企业的关系比较松散(虽然有合同制约),

---

① 陶卫宁.体育赛事策划与管理[M].重庆:重庆大学出版社,2015.

因此难以控制产品与服务的质量,产品提供的可靠性也相对难以保证;二是,各合同企业的员工对赛事有可能缺乏详细了解(图 4-8)。

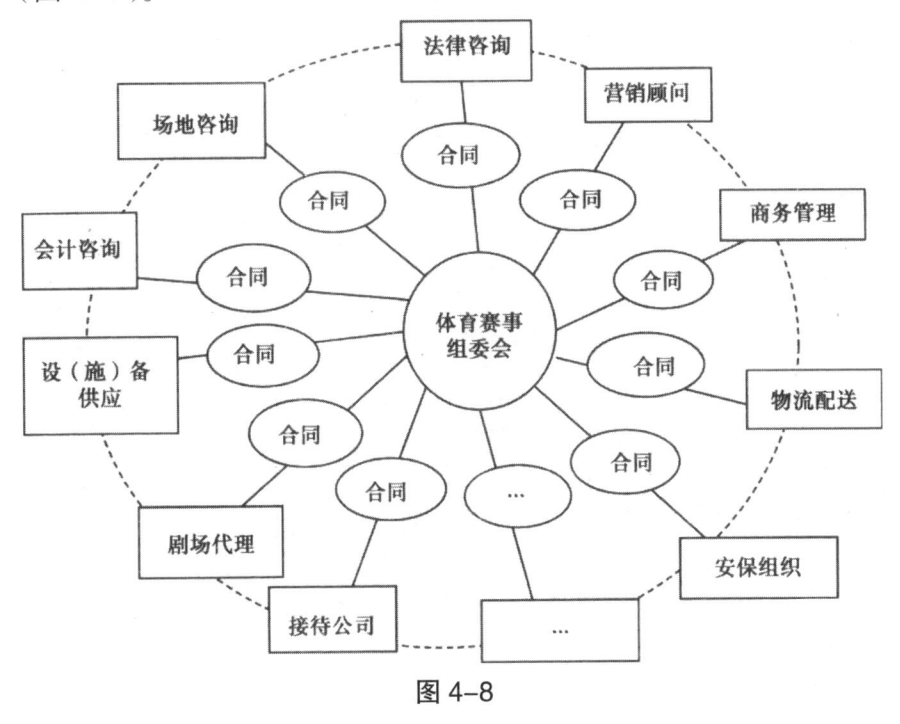

图 4-8

(三)赛事结构的组建原则

体育赛事结构的形成通常要求遵循以下四个主要原则。

首先,结构的形式依据功能而定。这条原则的要求是,赛事结构的创立要以赛事举办目的和治理角色为基础。对于那些在各地巡回举办的赛事来说,每到一个举办地实际上在一定程度上也意味着一次新的赛事,需要融入地方经济与社会语境。因此,对先前成功举办的赛事中进行结构的简单复制并不一定有效。

其次,运营的专门化。最优化的赛事结构需要将赛事有关的活动进行聚类分析,将类似的活动集合在一起形成一个个次单元以便决策和沟通。通过这种方式,负有不同责任并相互影响的经理人员之间的沟通交流就会最大化并提高沟通的效能

（Efficiency），使得一个既自治同时又相互联系的工作组得以形成。

再次，沟通效能或效率。赛事管理结构必须有各类联系与联动设置，以便个人就其活动进行高效能的、纵向的、横向的沟通。

最后，结构要有利于赛事的增效。这个原则也就是通常所说的，整体的功能一定要大于个体功能的简单相加。结构应该是一个有机体，人员与部门之间通过纵向与横向联系应使组织的功能有一个"增效"效应（图4-9）。[①]

图 4-9

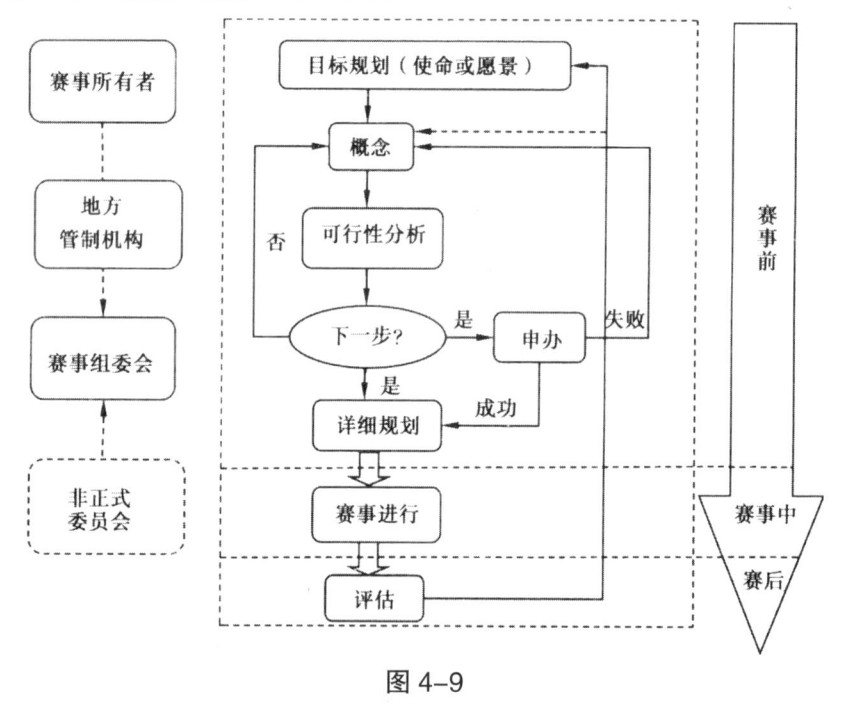

二、体育赛事计划的制定

（一）体育赛事计划的概念

计划不仅是管理的四大职能之一，而且也是一项重要的管理工具。计划主要包括两方面的内容，即确定特定组织目标和达成

---

① 陶卫宁.体育赛事策划与管理[M].重庆：重庆大学出版社，2015.

第四章 体育赛事的筹划与设计研究

组织目标的方法两方面的内容。

从体育赛事运作管理机构的角度出发,体育赛事计划就是指定义体育赛事运作管理的目标,并明确实现该目标的具体方法和途径。在体育赛事筹备组织工作中的启动阶段,制订体育赛事计划属于基础性工作,是体育赛事筹办组织建立完成后的首要工作,同时也是编制体育赛事各项工作方案的关键依据。具体而言,体育赛事整体计划是指在一定环境因素的约束下,充分分析、挖掘以及整合现有的一切体育赛事资源,随后对专业技术工作进行合理有效地包装。

(二)体育赛事计划的作用

体育赛事计划的作用主要体现在以下方面。首先,体育赛事计划能够更加清晰地了解和描述选择或者申办某一特定体育赛事的原因;其次,能够对某一特定体育赛事需要完成的目标或者需要实现的目的进行更加准确的定义和规定;再次,能够对体育赛事的运作管理方向进行科学指导和监控;然后,能够促使进行体育赛事运作管理的各个部门和成员的行为更加协调一致,进而形成一支协调配合的团队;最后,能够对体育赛事可能出现的运作风险进行预测和防范。科学严谨的体育赛事计划也能对体育赛事运作管理机构在可信度、公信力、美誉度以及影响力方面发挥十分重要的积极影响。

综上所述,在对体育赛事筹办之前,体育赛事的运作管理机构一定要制订出与体育赛事运作管理战略相吻合的计划。体育赛事计划的制订时间没有统一的规定,应当依照体育赛事的实际情况和计划制订的主体需求变化而定。通常情况下,当获取体育赛事的承办权之后,体育赛事运作机构开始进行体育赛事计划的具体制定工作。在某些体育赛事的申办过程中,体育赛事的所有者有时会要求赛事申办者上交体育赛事的初步计划,进而立体全面、科学严谨地对申办者的承办实力、能力与意愿进行认真考察。这一要求标志着申办者在获取体育赛事的承办权之前就必须制订出展示自身实力与意愿的体育赛事计划。需要说明的是,与获取承办权之后的体育赛事计划相比,获取承办权之前体育赛事计划相对简单,缺少具体的细节。此外,体育赛事计划并不是制订后就一成不变,动态性是体育赛事计划制订的原则之一,体育赛事计划应当针对环境因素的变化做出适宜的调整。

(三)体育赛事计划的要素

体育赛事计划囊括了体育赛事组织运营的方方面面。如图4-10所示,通常体育赛事计划的构成要素有赛事概述、组织目标、范围计划、进度计划、资源计划以及风险管理。

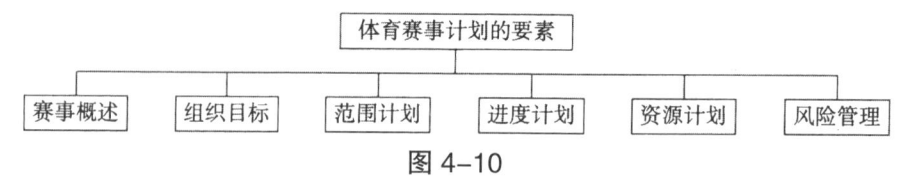

图4-10

1. 赛事概述

对整个体育赛事的运营背景、组织机构以及赛事亮点进行一个简要概括,即赛事概述。在进行赛事概述时,应当运用简洁精练的语言,全面立体地对上级领导或者体育赛事的赞助商介绍之前体育赛事的组织情况和当前体育赛事的运营状况。赛事名称、组织单位以及赛事亮点等均属于赛事概述包含的重要内容。

2. 组织目标

目标是个人尝试完成行动的重要目的,同时也是直接引发其行为的根本动机。美国心理学家洛克认为目标自身就带有激励功能。目标可以将人的需求转化为动机,推动人们的行为向着特定的方向努力,同时人们还会把自身行为结果和事先预定的目标相互对应,其及时做出调整和修正,进而最终达成目标。

体育赛事管理目标是制订体育赛事计划的先决条件,因此理应受到体育赛事管理者的高度重视。在管理体育赛事的过程中,一定要重点关注这一程序,制定合理的组织与管理目标。

3. 范围计划

体育赛事计划贯穿体育赛事运营的全过程,是一项与体育赛事组织的全部部门以及全部成员息息相关的一份工作方案。当体育赛事的管理目标被确定之后,需要对达成目标要完成的各项工作有一个清晰的把握,即对体育赛事管理的范围有一个清晰的把握。对体育赛事计划的范围确定之后,能够有效避免计划的内容出现遗漏,从而对体育赛事运营进度做到全方位地控制和评估。与此同时,通过对相关工作的合理分析,对相关责任的合理分配,能够保证体育赛事运动在启动阶段关系清晰、次序明了,尽可能避免在运营的规划期出现不必要的失误。

4. 进度计划

体育赛事的进度计划对其落实组织和评估进度具有直接性影响,具体是指对体育赛事运营中各个工作的开展顺序、开始时间、完成时间以及相互联系的关系进行表达的计划。进度计划应以实际条件以及目标要求为依据,以时间为重要量度标准,根据恰当顺序合理安排各项工作的实施日程。进度计划的本质是利用逻辑关系图来反映每项工作的时间估计值,通过不断调整和完善,在资金预算允许的情况下促使体育赛事更加稳定有序地运营。与此同时,进度计划还是编制物质资源和技术资源供应计划的重要根据。倘若体育赛事的进度计划安排不合理,则会对人力、财力以及物质资源的分配产生直接性的消极影响,进而对体育赛事运营的最终效果产生较为严重的消极影响。

5. 资源计划

体育赛事资源计划就是指确定人力、财力和物力等方面的资源计划,资源计划的确立是体育赛事顺利进行的重要保障。在资源计划中,人力资源计划主要是对人力资源的来源和分配问题予以解决;财务资源计划主要通过对体育赛事的收入和支出进行提前预测,尽可能保证体育赛事运营在收入和支出上呈现出相互平衡的状态,甚至能够出现盈余;物质资源计划主要是对体育赛事的场地、设备以及配套服务设施等资源的供给问题与分配问题予以解决。在体育赛事的资源计划中,应当强化环保理念,合理配置各项资源,以免自然和社会环境受到破坏。

6. 风险管理

与其他赛事项目相比,体育赛事具有唯一性和不可复制性。但是体育赛事容易受外界环境与突发事件的影响,存在着一定的举办风险,作为赛事组织者应充分考虑好体育赛事的各种风险,事先制定好相关的解决对策。一般来说,外界环境和突发事件等无法控制的因素会对体育赛事的顺利举办产生直接影响,有时还会导致体育赛事运营方在经济方面出现重大损失。然而,利用加强管理等多种手段可以在最大限度上避免某些风险的发生。作为体育赛事的运营方,在制订体育赛事的计划时,必须全方位地考虑各种危机事件,事先制订出切实可行的解决方案,这样才能保证体育赛事的顺利举办。

(四)体育赛事计划制定的原则

1. 目的性原则

体育赛事计划是整个体育赛事进行组织和运营的整体方案,计划的制订对于体育赛事的顺利举办具有重要的影响。体育赛事的组织目标是所有体育赛事制订计划的过程中必须紧紧围绕的。目标属于体育赛事计划各部分内容的基本标准和重要统领,倘若未制定目标或者目标模糊不清的体育赛事计划都将最终演化为形式主义,有时可能会由于目标模糊造成体育赛事运营团队的成员之间出现各种矛盾。当开始实施体育赛事计划时,首先需要有十分明确的总体目标,同时应当依照总体目标制定出与之对应的子目标。通过对各个子目标的高效完成,来逐个完成体育赛事运营过程中的各项任务,从而最终完成体育赛事的整体目标。

第四章 体育赛事的筹划与设计研究

2. 系统性原则

一系列相关的子计划共同组成的一个极为庞大的系统,即体育赛事计划。一系列相关的子计划在具有其组织相对独立性的同时,又和整体计划关系紧密、彼此制约、相互影响。当体育赛事的子计划发生变化时,通常会影响体育赛事计划的实施过程。制订体育赛事计划应当紧密联系体育赛事的特点,应当对体育赛事项目存在的基本特征进行充分的反映,进而保证体育赛事计划的各个部分处于协调状态,最终成为一个有机整体。

3. 动态性原则

从申办环节,到计划环节,再到最终的组织举办环节,通常都需要较长时间的组织和讨论过程。在对计划进行具体实施的过程中,实际状况和赛事计划不相符合的情况时有发生,因此在计划的具体实施过程中应当按照体育赛事运营的内部环境和外部环境出现的变化,对体育赛事施以动态性管理,进而促使体育赛事计划和体育赛事整体目标以及实际状况相适应。

4. 完整性原则

完整性属于体育赛事计划中的一项关键性要求。倘若体育赛事计划存在不完整问题,则在体育赛事运营的实际操作过程可能会出现许多无法预测的风险,同时还会对人、财、物的整体安排产生消极影响。倘若在体育赛事计划中某项工作被遗漏,在实施过程的重新安排极易导致各个部门人、财、物的分配被打乱,进而可能给体育赛事的运作带来非常大的损失。在体育赛事计划的具体制作过程中,必须将体育赛事运营过程中的方方面面都充分考虑进去,进而给可能发生的风险预留一定的处理余地,增强体育赛事计划的弹性,从而在体育赛事计划的具体实施过程中更加游刃有余地应对各种突发事件。

5. 相对稳定性原则

体育赛事计划不仅要求变通,在某一阶段还需要有一定的稳定性,这样才能防止较大的突发状况,避免体育赛事风险的出现。可以说,体育赛事计划充当着整个体育赛事组织工作基本风向标的角色,各部门与各成员均应当根据体育赛事计划准备和布置具体的工作。倘若体育赛事计划总是出现过大的变化,则会对确定整个组织规则产生消极影响,进而使体育赛事计划变成一纸空文,同时还可能引发组织内部各个方面的矛盾。

(五)体育赛事计划的制订程序

1. 体育赛事计划的主要内容

赛事的名称及组织机构的表述,赛事的背景与"亮点"的规划与描述,主题与指导思想的表述,赛事内容、规模与安排的表述,赛事资源与取得资源方法的表述,整个体育赛事中的大型活动、主题活动、相关活动的表述和其他表述等,均属于体育赛事计划的主要内容。

2. 制订体育赛事计划的流程

制订体育赛事计划的工作流程如图 4-11 所示。

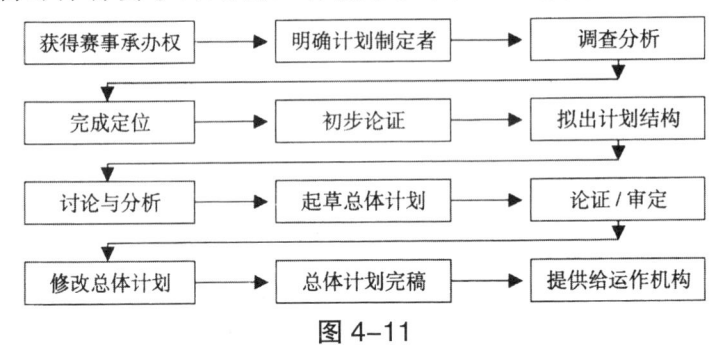

获得赛事承办权 → 明确计划制定者 → 调查分析

完成定位 → 初步论证 → 拟出计划结构

讨论与分析 → 起草总体计划 → 论证/审定

修改总体计划 → 总体计划完稿 → 提供给运作机构

图 4-11

计划属于专业技术工作之一,需要专业技术人员和大型体育活动的专家共同参与来完成。首先,需要由调查分析、统计、平面设计、方案设计、活动策划、体育专家等人员组成计划工作小组,部分工作可委托给专业公司完成,借鉴别人的先进经验与教训是节省人力与其他资源的有效方法。与此同时,还需要积极鼓励场馆出租者、供应商、赞助商、工作人员、志愿者领导以及政府官员等与体育赛事的利益紧密相关的人参与其中。除做好人员配备工作之外,电脑和彩色打印机等办公设备也是制订体育赛事计划必不可少的。

当制订体育赛事计划的人员达到工作岗位之后,需要做好以下几个方面的工作。

(1)做好充分的调查和分析工作

体育赛事的调查与分析工作内容主要有政府意志与行为调查分析与亮点分析,举办地社会、经济、文化、教育、生活状况、交通等社会、城市功能与能力和气候等因素调查与分析,赛事主题分析及企业理念与赛事主题整合调查分析,各项竞赛组织及主题活动组织的可行性分析,赛事所期望出席领导活动内容与日程排期及相关因素分析,赛事人力资源调查分析,赛事的财务状况分析,其他相关调查分析等。

(2)找准体育赛事的定位

体育赛事的定位,主要内容是围绕党和政府的方针、政策、决策的研究与活动结合定位,对提升赛事规格的定位,对赛事关注度、影响度的定位,对达到赛事经济效益和社会效益的定位,对赛事筹备组织工作中的各个环节的定位,对赛事中的各项重大活动主题的定位,对赛事的组织机构与人员的组成定位等。

(3)论证与考查体育赛事

体育赛事的论证,主要包括计划工作小组内部论证、所涉及的相关部门领导讨论与论证、高一级领导论证、筹委会办公会讨论与论证等。

(4)拟定体育赛事计划的整体结构

当深层次的讨论分析结束后,制订体育赛事计划的工作人员需要制订出更加具体的体育赛事计划,并交给专家论证及赛事运作管理机构领导、赛事主办单位领导审核,依照相关专家和领导的审核建议对计划进行修订,最后完成体育赛事计划定稿,正式提交给赛事运作管理机构。

第五章 体育赛事的科学组织与管理研究

体育赛事的建立对于我国体育产业乃至整个体育事业的发展都具有重要的影响和意义。作为赛事组织者要借鉴和参考其他国家或地区先进的经验,并结合自身实际打造一批具有自身鲜明特色和富有竞争力的体育赛事。体育赛事的建立并不容易,需要做好各个环节方面的工作,本章重点研究与探讨体育赛事的组织与管理。

第一节 体育赛事组织与管理的理论体系

一、体育赛事运作主体

体育赛事的经营管理和运作主体主要包括主办单位、承办单位和协办单位等几个部分。

(一)主办单位

一般情况下,大型体育赛事的举办都是通过某个体育组织的授权来举办的。这些体育组织一般都具有非政府、非营利性,且具有法律地位等特点。在体育赛事中,可以根据比赛项目将其划分为各单项体育协会和综合性体育组织,如国际奥林匹克委员会、国际足球联合会等;也可根据体育组织的级别将其划分为国际性体育组织、洲际性体育组织和地区性体育组织,如国际篮球联合会、亚洲篮球联合会、中国篮球协会等。这些都是具有主办体育赛事、体育赛事的商业开发和市场经营权利的体育组织。

(二)承办单位

在体育赛事管理中,主办者的下一级单位被称为体育赛事的承办单位。在获得当地政府和民众的支持后,承办单位通过对当地承办体育赛事的可行性进行研究,然后向主办单位提交相关申请材料,如果承办单位获得了承办权,那么它就取得了承办体育赛事的法律依据,享有体育赛事市场开发与管理的基本权利。

(三)协办单位

在体育赛事组织管理中,协办单位的主要职责为负责赛事举办的各种具体工作,如提供比赛场馆、协调交通、安排运动员食宿等进行协调管理。在体育赛事的市场化运作过程中,需要通过招标的形式由专业的赛事经营公司来进行经营运作,同时还有赞助商、媒体、中介机构等相关组织的参与。

二、我国体育竞赛管理体制

与国外体育竞赛管理体制不同,我国的运动竞赛组织体制是政府领导下的一种条块结合的管理体制,其特征是以国家体育总局管理为主,发挥体育总会(单项体育协会)、行业协会等社会体育组织的辅导管理作用。运动竞赛组织实行分级比赛,分级管理的综合型管理体制。这种管理体制决定了我国大部分体育赛事的运作主体是国家体育总局,各级体育行政部门具体承办体育赛事。我国竞赛体制决定了赛事运作的主体。这种格局安排对于赛事运作很重要,谁是赛事主体直接影响赛事运作的管理领域和管理行为。

在具体的管理中,体育运动项目管理中心和体育运动协会共同对体育赛事进行管理。体育运动项目管理中心是体育运动项目的主管部门,经营管理本项目事业的发展是其主要职能;协会通常是由非官方的社团法人组建而成的,具有经营管理体育赛事项目与市场运营的职能。体育项目管理中心与项目协会两者重合时,必然会导致政企合一的经营管理体制。开发部和附属公司是现有一定市场的体育运动项目管理中心均设有的组织。这些公司一般都是在体育运动项目管理中心的经营管理下进行经营和运作;体育赛事运动项目管理中心是全国性体育赛事与体育职业联赛的所有者,同时拥有赛事的主办权和经营权;具有管理全国性的体育赛事,领导经营开发、进行市场运作的权力,因此形成了主办管理体育赛事与经营开发的权力集体育运动项目管理中心为一体的赛事运行机制。

发展到现在,随着竞技体育运动的高度发展,我国的体育赛事管理体制出现了新的发展趋势,国家办与社会办相结合的形式逐渐涌现出来,整个体育竞赛体系朝着多方位、多元化、多层次的方向发展。

第二节 体育赛事组织管理的流程

整个赛事组织及管理活动都贯穿于以下五个阶段:赛事启动(申办)阶段、赛事筹备阶段、赛前准备阶段、赛事竞赛阶段以及赛事收尾阶段。

一、体育赛事启动阶段

体育赛事启动阶段也叫申办筹备期,这一阶段的主要任务是想要获得赛事举办权的单位对赛事申办所涉及的内外环境进行全面周密的分析,即对将要申办的运动会的组织需要哪些方面参与、投入与产出效果、现有内外科技条件的可行度、环境条件、资

第五章 体育赛事的科学组织与管理研究

金渠道等各方面因素进行评估及论证,从而掌握此场运动会的申办经济回报、科技支持、社会效益上的可行性。这一阶段所涉及的内容主要有:第一,体育赛事开始于想象和主意;第二,对体育赛事环境进行综合分析;第三,进行竞争对手分析;第四,确定目标,包括明确赛事的举办规模,赛事时间、所需场馆数量,保证赛事整体计划与局部计划、近期目标与远期目标协调一致,确认负责目标完成的负责人;第五,分析体育赛事的可行性。

二、体育赛事筹备阶段

体育赛事筹备可以说是统筹赛事工作的起点,主要工作任务包括五方面:成立赛事组织委员会、确立组(筹)委会组织机构、确定赛事组织方案、制定赛事竞赛规程、制定各部门规章制度和赛事工作规划。

(一)成立赛事组织(筹备)委员会

综合性体育赛事组织委员会通常在主办单位的领导下,由各方面代表组成(部分代表或者全部代表由赛事启动阶段的参与人过渡组成组委会),负责组织和领导赛事全部的工作。

(二)确立组(筹)委会组织机构

成功的赛事,来源于对整个赛事全局工作的领导,因此在统筹赛事全局的赛事组织委员会成立后。依据体育赛事的规模、层次和要求,设置合理、职能划分明确的组织领导机构是赛事工作顺利开展、圆满完成竞赛任务的决定性节点。

(三)确定赛事组织方案

要保证体育赛事筹备工作的顺利开展,首先就要研究和制订合理的赛事组织方案,一般来说,体育赛事组织方案主要包括以下几个方面的内容。

（1）赛事的名称和主要目的、任务,确定赛事名称应根据当次的赛事内容、赛事性质、赛事时间和赛事规模等因素综合进行周密考虑。赛事的目的及要完成的任务,应考虑到赛事的性质、运动特点等因素。

（2）比赛规模,确定参赛单位和各类参赛者的限额,比赛的具体特定场馆建设和场馆规格标准等级、需求数量和负责各项目的具体单位。

（3）赛事的组织机构建立。从赛事的规模出发,高效节约,组建赛事机构和配备工作管理人员数量。

（4）经费预算。本着节约勤俭的原则,对每一项经费进行认真的预算规划,注意预算规划留有可弹性空间,并制订具体经济细化计划,确定筹资增收的计划措施。

(四)制定赛事竞赛规程

竞赛规程是对赛事组织管理者和参加者最具体的指导性文件。组委会成立前,赛事筹备小组首先要按照赛事的宗旨、目的、任务制定出赛事竞赛规程,综合性运动会集合了非常多开赛项目的小项,而各独立项目的小项群运动单项有着相似统一的规律。因此,首先要制定体育赛事的总规程,然后在此基础上制定各单项竞赛规程。

(五)制定各部门规章制度和赛事工作计划

建立体育赛事组织机构后,就要确立各项规章制度,明确各部门岗位职责,提供行为准则,并根据各部门的主要职责,制订具体工作计划。各职能部门的工作计划一般应包括时间、阶段、工作内容、工作质量、进度、执行人、责任人等几项内容。

三、体育赛事赛前准备阶段

体育赛事的赛前准备阶段主要包括以下几个环节及内容,作为体育赛事组织者一定要明确各个环节的具体任务和内容。

(一)组委会办公室

根据组委会的决议,筹备召开组委会各大会议的具体组织工作。包括组委会会议,组委会常委扩大会议、组委会各部门工作联席会议、赛事筹备工作会议等。

(二)场馆建设部

场馆建设部主要做好以下几个方面工作。
(1)负责所有训练比赛场馆的建设及保障服务工作。
(2)负责所有比赛场馆基础设施的建设。
(3)负责场馆内外、周边及所有相关道路及环境整治工作。

(三)新闻宣传部

新闻宣传部主要做好以下几个方面工作。
(1)社会宣传工作。一般来说,主要包括制订、编写有关赛事的宣传材料,征集或制定赛事宣传主题口号,拟定宣传方式;负责赛事宣传物品的设计、成品制作;制订环境和赛场布置方案。
(2)思想教育工作。包括制订对参加本次赛事的各类人员的教育、宣传计划;制定与分发有关参赛人员、带队教练员、赛事执裁工作人员以及各参赛队伍需要遵守的各项事宜和有关体育精神各方面的要求细则;撰写并印发宣传材料和观赛人员须知等,并通过各种渠道加以宣传;确定思想教育具体实施方案,落实宣传手段。
(3)新闻报道工作。主要包括召开新闻发布会;向有关新闻单位发出采访邀请;组建新闻中心或新闻室;制订新闻报道计划。

（四）安全保卫部

安全保卫部主要做好以下几个方面工作。

（1）全权设立整个赛事运行过程的内外部的治安保障组织网络，确保各项安全保卫工作的管理和执行到位。

（2）落实治安保障计划任务和相关各类赛事活动的安全警卫预案。

（3）负责对有关社会外部、赛事场地、参赛单位日常起居地等主要位置的赛事场馆设施、安全设施等进行排查，制定并把安全保卫措施落实到位。

（五）后勤接待部

后勤接待部主要做好以下几个方面工作。

（1）制定体育赛事各项工作开销预算，制定资金开销、支付标准及管理原则。

（2）做好有关赛事物资的管理和使用分配。对组委会及下设机构部、处、室开展工作的物品配备，如：各类办公物品、电子信息设备、工作穿戴配件、基础赛事器材、交通工具、赛事奖品及其他物品按需求计划进行配置和分发，以保障各部门的使用，制定有关赛事物品出入库记录和领取、发放、使用制度。

（3）做好接待工作，主要包括交通接待、住宿接待准备、饮食接待安排等。

（4）做好交通车辆的管理和调配。制定组委会各部门交通工具配备细则以及管理和使用办法。

（六）大型活动部

大型活动部主要做好以下几个方面工作。

（1）制订大型活动方案，主要包括对外宣传赛事活动以及开、闭幕式方案。

（2）组织开幕式节目设计及参演人员的配备。

（3）成立开幕式现场临时指挥部。

（4）进行开幕式预演。

（七）竞赛部

竞赛部主要做好以下几个方面工作。

（1）勘察落实各项比赛的场馆，报大会组委会审议；按赛事标准测定、验收场地设备的计划工作。

（2）落实单项竞赛仲裁委员会人员组织、裁判长和副裁判长人选。

（3）做好赛事报名、注册统计工作。

（4）依据参赛单位人员的报名注册结果，按照赛事计划进度和参赛队伍情况进行赛事秩序册编排，制定赛事总章程排序表。

（5）对各赛区的各项赛事项目秩序册编排、比赛场馆、项目开赛次序的安排等，进行具体细化的业务开展进行指导。

（6）开好赛前的单项竞赛组委会，做好各方面工作的协调配备工作。

（7）指导协助各单项竞赛委会做好报到、接待等工作的落实。

（8）编印制大会总秩序册。

四、体育赛事竞赛阶段

（一）组委会办公室工作内容

（1）做好体育赛事各项票证的分配工作。

（2）开、闭幕式临时指挥部办公室的值班和通信工作。

（3）负责邀请有关领导和其他人士参加大会各项重大活动。

（4）做好对各代表团的联络服务工作。

（5）做好体育赛事信息反馈整理工作，并在相应时间段印发赛事情况简报。

（6）组织安排好各代表团的迎送仪式。

（7）负责协调各职能部门的工作等。

（二）新闻宣传部工作内容

（1）做好体育赛事的宣传教育工作，大力进行遵纪守法的宣传教育。

（2）做好记者采访的组织工作，为记者采访提供服务。

（3）搞好驻地和赛场的环境布置。

（4）组织开展"体育道德风尚奖"的评选活动。

（三）安全保卫部工作内容

（1）做好大会驻地的安全保卫工作。

（2）做好维持赛场秩序工作，妥善处理各项安全事故，确保体育赛事安全、顺利地进行。

（3）负责大会车辆的交通安全工作。

（4）确保参加赛事各种活动及各单位领导的安全保障。

（5）制作发放各类人员在大会期间的证件。

（四）后勤部工作内容

（1）妥善安排好运动员、裁判员的住宿。

（2）要切实落实好各类参赛人员的伙食，从食品源头与食堂终端把控赛事饮食卫生安全关。

（3）根据各项活动和比赛的需要，认真做好交通车辆的安全和管理。

（4）做好运动队、裁判工作人员的返程车、机票的登记、预定和领取工作。

（5）监督各职能部门的经费使用情况。

（6）做好比赛期间的防止运动员及其他人员突发病情的医疗急救工作。

（五）竞赛部工作内容

（1）发布各项目历史最高纪录。

（2）做好各项目的成绩汇总统计和发布公告工作：每天做到比赛结束后，各单项竞委会除及时公布当天比赛结果和印发各单项成绩公告外，还必须第一时间把比赛成绩向大会竞赛部汇报。

（3）指导协助各单项竞委会处理和解决比赛过程中出现的重大问题。

五、体育赛事收尾阶段

闭幕式的结束标志着体育赛事的完成，但是，作为赛事的组织管理团队还要做好体育赛事的各项收尾工作。一般来说，体育赛事收尾阶段的工作内容主要包括以下几个方面。

（1）闭幕式结束后人流量会非常大，这时要求安保部和后勤部，做好散会的疏散工作，包括：领导及观众的疏散引导、车次的安排、饮食住宿的安排、人员欢送工作等。

（2）竞赛部门赛后运动员的投诉及仲裁处理以及及时编制和印发总成绩记录册，成绩证书打印、分发等工作。

（3）各竞赛项目部门进行赛事财务决算报表汇总、清理和拆卸、还原、清点赛事所用的场地器材、设备，并交移给责任保管人等。

（4）开总结大会，对赛事组织管理的整个过程进行交流探讨得失总结、整理有关赛事的各类文件归档以及以文字化总结本次赛事的举办经验情况，并写成总结上报赛事组委会。

第三节　体育赛事体系诸要素的科学管理

一、体育场馆资源的建设与管理

(一)体育赛事场馆的建设

1. 体育赛事场馆的建设原则

(1) 功能性原则

体育赛事场馆主要是为举办赛事而建立的,赛时作为大型运动会的比赛场馆,应满足大型比赛使用的各项功能要求;赛后作为满足城市和地区大众体育、健身、休闲、娱乐的体育中心,应能够适应体育多功能使用要求和体育赛事场馆产业化发展需要。

(2) 经济性原则

体育场馆的建设要充分考虑赛后的经营与管理,不能只为当前比赛服务,具体来说,就是要综合考虑整个场馆的现代化和运营管理体系的科学化,使建设投资和运营成本经济合理;通过科学合理的结构选型,达到经济性、先进性的统一;使用节能型机械设备和电力系统,并充分考虑外墙用材的热工性能,以达到节能要求;选择合理的布局形式,以降低赛后改建的工程投资。

(3) 标志性原则

大型体育赛事场馆应该充分展现现代城市和地区人文环境的造型理念,体现不同运动项目的精神内涵和体育建筑空间的表现力。许多大型体育赛事场馆都是赛事举办地标志性的建筑物,如"梦剧场"安联球场、温布利大球场、中国国家体育场(鸟巢)、中国国家游泳中心(水立方)、伦敦奥林匹克体育场、巴西马拉卡纳体育场等。

第五章 体育赛事的科学组织与管理研究

（4）舒适性原则

现代体育赛事,尤其是奥林匹克赛事为主的大型体育赛事越来越关注人文、环保,贯彻人文、绿色、科技大型运动会场馆建设的设计理念,通过建筑手段使体育赛事场馆同周边环境和谐统一；充分利用自然采光和先进的通风系统,营造舒适、宜人的室内环境,以便于观众观赛,同时又能感受举办地的文化、科技。

（5）安全性原则

安全性是体育赛事场馆建设必须考虑的问题,是场馆建设的重要原则之一,建设者应充分考虑大型体育赛事场馆使用者的安全,使用科学的防灾系统；考虑维护管理的科学性,安全防护设施要齐备；疏散流线应明确合理、通畅、快速。

2. 体育赛事场馆的规模确定

体育赛事场馆的建设标准应该根据它的功能和承载力来决定是否符合体育运动和竞赛的基本要求,是否满足赛事需要。同时,还要看它在满足基本的体育功能外其馆内设施还能否举行其他类别的文化活动,如果可以,这样的体育赛事场馆为多功能体育赛事场馆。一般来说,体育赛事场馆的功能越多,其规模就越大。

按能够承办的大型活动级别划分,主要有以下两种。第一种是能承办省级以上大型比赛的体育场馆,此类体育场馆对体育赛事场馆的各种技术和设施要求有着严格的规定,包括场地的规格、器材、地板、跑道、照明、音响、显示屏、安全距离、休息室、卫生间等多项指标。特别是主赛场必须符合省级以上比赛的技术要求。这有利于高校能够顺利承办省级以上单项比赛和综合运动会。第二种是能兼顾多项比赛需要。例如,田径场必须是标准的 40 米塑胶跑道,直道有 10 道,弯道不少于 8 道。田径赛项目设备齐全,器材管理到位、安全措施完备,能进行所有田径项目的比赛。体育馆主赛场的面积应不小于 43×32 米,地面必须是实木地板,必要时进行例如铺设地胶等地面改装以适应比赛的要求,可以进行包括手球、乒乓球、体操在内的大部分竞赛项目。

有些体育场馆能承接大型文艺演出。体育赛事场馆拥有可供安装文艺演出专业灯光和专业音响的基础设施和空间,室内墙壁有良好的吸音设计,能在体育赛事场馆内进行大型文艺表演。

一般来说,大的体育场馆多能举行大型集会。在体育赛事场馆内可以进行大型集会,有充足的座位容纳观众,还应该在观众较多的时候提供应急措施,例如能在场地中央增设加座。有良好的音响设备传递清晰的声音,有强大的空气温度调节系统保证参与集会的观众的舒适度,有足够大的显示屏展示需要展示的内容给观众。

3. 体育赛事场馆的建设选址

体育赛事场馆建设既要满足体育课堂教学的需要,又要满足学生群体活动的需求,还要考虑方便、实用和安全。具体来说应遵循以下几个基本原则。

(1)场馆布局集中、合理

体育场馆应在市区,便于市民前往,体育运动场地应选择靠近民众或民众比较集中的地方,这样有利于人民群众业余体育活动和群体活动的开展。此外,体育运动场地应相对集中,在条件允许的情况下可以以主体育场为中心形成体育场地群外,即便分布在其他地方的体育场地,也应本着集中原则相应成团,这样有利于实际经营和管理。

(2)场馆地势应选高地

目前,几乎所有的露天体育场地最为忌讳的就是积水不断,池塘频现。场地排水不畅使得停雨后也不能立即使用,特别是在我国南方地区,阴雨连绵,更应将体育赛事场馆建在地势高、排水效果好的地方。因此,体育运动场地之所以本着建在地势较高的地方的原则,主要考虑到的是这有利于场地的排水。

(3)场地纵轴线南北向放置

体育场馆,尤其是露天的体育场馆方位放置应充分考虑受阳光的影响的问题。众所周知,每天太阳东升西落。这在体育场地建设时要格外注意。以露天的篮球场地和足球场地为例,应该本着将运动的主要方向与东西朝向避开的原则,改为南北向设置,以减少太阳光对运动员的影响,有利于充分发挥运动技术水平。简单举例,如果一块足球场地的两个球门的连线刚好是东西方向。那么,在场上运动的某一方或双方就会出现面向太阳进攻或防守的情况,这在艳阳高照的时候,极大地影响了运动者的视线和判断,这种建设策略显然是不合理的。

(二)体育赛事场馆的设计

1. 体育赛事场馆的设计理念

(1)实用而不奢华

随着人们对体育活动需求的改变,当初的更多从审美角度设计体育赛事场馆的思路也发生了改变。体育赛事场馆设计的趋势开始由最初重视气派、宏伟、壮观逐渐转为重视朴素、实用。

以我国为例,如北京奥运会、广州亚运会、深圳世界大学生运动会等大型体育赛事场馆的建设,应符合2008年国际奥林匹克夏季运动联合会等的要求;符合国际单项体育联合会的要求;符合国家有关法律法规的要求;符合残疾人奥运会的特殊使用要求,注重场馆建设质量、节省投资。国外也有类似场馆,如澳大利亚的一个赛马场,在举行一年一度的赛马总决赛时,该赛马场没有独立的座位,只有一级级台阶,整个赛马场透露着一股清新、朴素。可见,体育赛事场馆的档次应该是朴素的、实用的、符合大众需要的,而不是华而不实。

(2)应用高科技,节约资源

体育场馆的设计融入高科技因素能充分体现大型体育赛事场馆的可持续发展。在北京奥运会、广州亚运会、深圳世界大学生运动会等大型体育赛事场馆的建设中,应充分利用数字网络技术、远程音像传输技术以及图像显示技术,为大型运动会提供综合信息服务;广泛使用清洁能源和环保材料,广泛采用雨水收集、中水利用、自然通风、自然采光等节能技术,保护环境,节约资源。

（3）以人为本,安全舒适

安全舒适的场馆能更有利于赛后的开发与利用。在我国大型体育赛事场馆建设设计中要以人为本,为所有与会人员特别是运动员提供安全、舒适的空间环境和设施,最大限度地满足使用要求,例如,场馆与基础设施、配套设施之间紧密结合,各种功能综合配套;建筑空间实现可变性和功能的多样化,精心编制交通规划,确保任何情况下,交通服务便利、快捷,为大型体育赛事场馆赛后利用和产业化运作创造良好条件。[①]

2.体育赛事场馆的环境设计

体育赛事场馆环境是场馆建设与设计中应该充分考虑的一个因素,这里的环境主要包括体育场地、体育设施、体育场所周边环境等,对这些体育物质环境的设计,主要应充分考虑以下几个方面的问题。

（1）场地内部设施应具有全面性

心理学研究表明,全面的刺激对人的体育技能的发展是非常必要的,由此所形成的能力结构也是最为完整、灵活的。因此,这就对体育器材设施的全面性设计提出了相应的要求,争取做到设施的设立能够满足身体锻炼更全面的需要。

（2）场地设施的布局要合理

布局合理应满足以下要求：第一,应避免器材受环境的干扰和器材间的相互干扰。这就要求在器材摆放的时候注意留出安全距离,器械的位置应避免光线的直射、反光或逆风等,摆放的朝向也应该根据实际考虑东西或南北朝向的需要。第二,场地器材的布置要整洁、具有美感,不应随意地、杂乱无章地摆放,这有利于激起体育运动者的参与兴趣和调动他们的积极性。

[①] 高杨,闵健.大型体育场馆建设与产业化运作研究[M].成都:电子科技大学出版社,2011.

第五章 体育赛事的科学组织与管理研究

（3）场馆周边环境的绿化要到位

研究表明,运动的过程中人体代谢速度加快,这需要更多的氧气参与,此时如果运动场地周边的环境较差,会导致人体过多地吸入烟尘等有害物质。所以运动场所周边的绿化不仅能起到美化环境的作用,更是能有利于人类健康与生存的功能,绿化环境中空气新鲜、洁净,含氧量较高,使运动者感觉到空气清新、呼吸舒畅,延缓疲劳的过早出现,并且加快了机体的恢复。同时,因为吸进的是洁净的空气,所以大大减少了污染物质和有毒细菌对人体的危害。

因此,绿化与人类的生存息息相关。运动场地周边的绿化,是体育物质环境设计的一个重要环节。特别是在环境污染日趋严重的今日,就更有着重要的意义。

3. 体育赛事场馆赛后利用设计

（1）场地的大小和观众坐席数量

以体育馆为例,比赛场地是体育馆的核心使用空间,它的大小和形状决定了平时可举行比赛、演出、展览的类型和规模,在允许范围内,场地规模越大,其多功能使用的余地也就越大。目前大部分中型比赛场地以手球场为基本尺寸,其他球类,如排球、羽毛球、乒乓球、室内小足球等皆可使用,同时又能满足文娱、集会、展览等需要。

我国绝大多数体育赛事场馆中的座位面积超过体育活动面积,这就意味着,当轰轰烈烈的体育竞赛结束后,体育赛事场馆的利用率就很低,群众也很难到体育赛事场馆进行体育活动。于是,周期性很强的体育比赛给体育赛事场馆留出了大量的时间空档,不稳定的体育竞赛观赏者又常常为体育赛事场馆留下大量的空座位。这种局面是很多体育赛事场馆都存在的现象。如几万个座位的看台上只有几十个人观看足球比赛。体育赛事场馆的经营和设计是个系统工程。因此,应该在设计上就考虑到体育赛事场馆今后经营的问题,避免给体育赛事场馆日后的经营带来一些不必要的麻烦。

（2）看台下空间的多功能利用

大型体育场馆的附属空间较多，应考虑设置一些健身、娱乐、客房、餐厅等功能空间，在赛后面向社会，提高场馆利用率，争取最大的社会效益和经济效益。

（3）对现代技术设备的科学应用

当前，国内外各类场馆普遍采用了自然采光，同时对设置空调的用房和场地灯光亮度标准都作了比较多的规定，减少日常的运行维护费用。如石景山体育馆和朝阳体育馆是国内首次采用屋面采光的体育馆。此外，视线、声学等处理也考虑到日常多功能使用的需要。

（4）场馆配套设施的完善

在体育赛事场馆外建设辅助配套设施，使体育赛事场馆的功能不限于体育项目，同时可以吸引其他消费群体，为开展多种经营打下基础。

以亚运会奥林匹克中心运动员村的设计为例，由于考虑到亚运会后长期使用的要求，在奥林匹克中心北侧修建了亚运村，包括2幢旅馆、17幢公寓和国际会议中心，同时还建有康乐宫、购物中心、餐厅、小学等，成为名副其实的"亚运城"。[1] 这些配套设施在赛后对该地区的城市发展起到很大的推动作用，时至今日仍然保持了巨大的活力，为体育运动赛事之后的体育场馆及其配套设施的充分利用提供了非常有意义的参考。

（三）体育赛事场馆管理

1. 体育赛事场馆管理的内容

（1）体育赛事场馆使用规定

在使用体育场馆时，为保证体育场馆的合理利用，体育消费

---

[1] 高杨，闵健. 大型体育场馆建设与产业化运作研究[M]. 成都：电子科技大学出版社，2011.

者或锻炼者要遵守相关的场馆管理规定。

①遵守体育馆开放时间的安排:上课时间,非上体育课的学生不得擅自进馆活动,闭馆时要自觉离开体育场馆。

②未经允许,不得随意变更体育场馆中各个场地的工作用途。

③未经许可,不得随意拆卸和挪用体育场馆内的器材。

④未经许可不得将体育场馆挪为他用。

⑤必须按规定着装进体育场馆,不按规定着装参与者或训练者要给予一定的警告。

⑥在馆内严禁大声喧哗。

⑦在体育场馆内严禁随地吐痰、乱扔果皮纸屑,要养成随手带走垃圾,或者扔入垃圾桶的好习惯,以保持体育场馆内良好的卫生情况。

⑧贵重物品一般建议带入馆内,要随身携带和妥善保管,随身携带的物品应放在适当的地方,不得悬挂在体育器械上,否则丢失概不负责。

⑨使用体育运动场地,要事先向场馆负责人提出申请,经批准履行手续后才能使用,否则不允许进入体育场馆。

⑩如有违反上述中的任一条例,工作人员要给予相应的处罚。

(2)体育赛事场地管理

①田径场地管理

第一,封闭管理,进入田径场的人员,必须要服从场地管理人员的管理。

第二,需要使用田径场、足球场,应事先向场馆负责人提出申请,经批准并履行租用手续,交纳场租费方可进入。

第三,严禁在田径场内吸烟、乱扔果皮纸屑,保证场内良好的环境卫生情况。

第四,体育赛事和活动开展期间,非活动人员不得入内。

第五,严禁穿不适合田径场跑道和足球场草皮的鞋进场活动。

第六,在每年都会有封坪育草阶段,任何人不得在封坪育草期间进入草地之中。

第七,严禁一切车辆进入田径场,否则做罚款处理。

②室外运动场地管理

各种不同材质的场地管理详见表5-1。

表5-1 体育场馆不同材质的场地管理要求

草坪场地	(1)严格遵守草坪场地使用规定,爱护草坪和场内设施,保持场内卫生。 (2)禁止机动车辆进入草坪。 (3)田径运动的掷标枪、铁饼和推铅球等项目,只能比赛时使用草坪地。 (4)根据季节和草的生长情况合理使用草坪场地,华北地区每年十二月至次年四月为草坪保养期,一般不安排使用;南方草坪场地可全年使用。 (5)做好草坪场地的越冬管理。越冬前,进行一年之中的最后一次修剪;早春草坪嫩叶返青前,进行1次滚压;返青后应及时浇水。
水泥场地	(1)水泥场地上的砂、石、泥土和污物要及时清扫,保持整洁。 (2)雨季应及时清除积水,冬季应及时清除冰雪。 (3)做好水泥场地的填充或铲除填缝料工作,保持接缝完好,表面平顺。当地气温最低时对较大接缝空隙进行灌缝填料。当气温上升填缝料挤出缝口时,应适当铲除并设法防止砂、石挤进缝内。
木质场地	(1)未经允许,任何单位和个人均不得进入场地内训练或活动。 (2)未经允许,场内固定器材不得移动。 (3)禁止在木质场地内进食、饮水。 (4)禁止在场内吸烟、吐痰和泼水。 (5)禁止在场内开展其他激烈的球类运动和竞赛运动,如踢足球、投掷、拖拉重器械。在做相关布置和收拾器材时要轻拿轻放,将物体搬起移动。
塑胶场地	(1)合理使用塑胶场地,只允许场所承担的专项训练和比赛使用。 (2)当场地遇水且需要急用时,应尽快对有水地区进行擦拭及干燥处理。 (3)禁止机动车辆在上面行驶,以防滴油腐蚀胶面。 (4)禁止携带易爆、易燃和腐蚀性物品进入塑胶场地。 (5)禁止在场地吸烟和吐痰。 (6)禁止在塑胶场地上使用杠铃、哑铃、铅球、铁饼、标枪等器材。 (7)发令枪要妥善保管,以免走火损坏场地。 (8)入场地者须穿运动鞋。跑鞋鞋钉不超过9毫米,跳鞋鞋钉不超过12毫米。 (9)塑胶跑道上的标志线要保持清晰醒目,模糊后及时喷塑胶液,重新描画。 (10)做好塑胶跑道的清洗工作。应每季度大洗刷一次,比赛前后也要冲洗。 (11)做好塑胶跑道的修补工作。

(3)体育赛事器材管理

①器材的购置管理

体育器材在使用的过程中会受到一定的磨损,因此每年购置新体育器材是尤为必要的。体育赛事的管理者在购置器材设备时,要经过细致的考评和研究,选择国家正规的体育器材生产厂商的产品,购买器材事务要指派专人全程跟踪完成,以求对购买的体育产品做到严格把关。体育器材的购置应结合一些国际单项协会对比赛器材设备上制造厂商的名称、标记或商标的字号、高度等的严格规定,按比赛规则的要求购置体育器材,购置过程中,对体育器材应认真挑选,看其是否符合比赛规则中的有关规定,以免影响比赛、造成资源浪费。

②器材的入库管理

在购置体育器材后,应做好分门别类并进行入库存放。由于体育器材的质地和用途不同,因此特别要对某些器材予以特殊照顾,如木质器材和电子器材需要放置在干燥地区;金属器材不要放置在高处;球拍和球类最好放置在专门的保管柜中。

2. 体育赛事场馆物力资源的维护与维修

(1) 设施设备维护

"三好、四会、五良好"是体育赛事场馆设施设备的重要原则。"三好"是指设施设备用好、修好、管理好;"四会"是指对设施设备会使用、会保养、会检查、会排除故障;而使用性能良好、密封良好、润滑良好、坚固良好、调整良好则是"五良好"的主要内容。一般情况下,预防性维修主要针对重大的主要设施设备,目的在于防止设施设备故障的出现,而对于一般设施设备只需做好日常维修保养。

①日常维护保养工作。体育赛事场馆的日常工作中,在上班前,设施设备操作人员需对设备进行外观检查;在班中,对设施设备进行规范操作,并对各运行参数进行定时巡视记录,随时注意运行中是否有异声、振动、异味、超载等现象;在班后,需做好设施设备的清洁工作。由于季节的变化,对于即将停用的设施设备,应对其进行停运后的观察和保养。

②定期维护保养工作。由操作人员进行,检查人员协助参与。

整个维护周期和维护停运时间根据设施设备用途、结构复杂程度、维护工作量及人员技术水平等来决定。

③设备点检。在同一目标下,进行不同专业和不同阶段的协调检查工作,通过各类专业技术和各个层次的工作人员的相互配合、协调,最终形成一套完善有效的体育赛事场馆设施设备管理体系。

（2）设施设备维修

①日常检修

要想保证体育赛事场馆的正常运转,日常的设备检修是非常有必要的,这样能有效防止事故的发生,保证设备的安全运行。体育设备在运行过程中,体育赛事场馆经营的专业维修人员应经常巡查检测,因为通常设施设备零部件的磨损都是从量变到质变的过程,设备的故障也一般都是由一些小问题产生的。只有通过日常巡查,及时发现事故隐患,并采取有效的措施解决,这样才能延长设备的生命周期,保证设备的安全运转。

②即时修理

即时修理是指在设施设备发生故障后进行的修理。在设施设备运转时发生故障是在所难免的,面对故障,工作人员应当及时对其产生故障的原因进行排查并尽快修复。在结束修理工作后,应及时做好修理记录,并交由管理人员进行检查和验收。这种即时修理的办法能很好地解决设备故障问题,提高工作的效率。

二、体育赛事人力资源的挖掘与管理

（一）体育赛事人力资源管理的运行机制与组织结构

1. 体育赛事人力资源管理的运行机制

（1）牵引机制

牵引机制是指在体育赛事组织对工作人员作出明确的要求下,使工作人员在具体的赛事过程中根据实际情况来正确地选择自身的行为,同时也将工作人员所作出的贡献和努力归入协助体育赛事组织完成其目标,提升其核心能力的轨道中来。这一机制的关键是要使工作人员能够清晰地认识到组织者对体育赛事组织以及工作人员的行为和绩效期望。

在体育赛事人力资源管理中,要想实现牵引机制,可以通过以下途径进行。

第一,建立与体育赛事组织相配套的培训开发体系。

第二,建立与体育赛事组织相关的文化与价值观体系。

第三,制定相应的职位说明以及与职位相对应的任职资格标准。

（2）激励机制

体育赛事人力资源的激励机制是体育赛事人力资源组织管理的核心,在工作中通过对体育赛事工作人员和志愿者的激励使他们自信心增强,更好地投入到工作当中。通常情况下,可以通过以下几种方式来实现激励机制。

第一,薪酬体系设计。

第二,分权与授权系统的设立。

第三,对志愿者工作认可程度体系的建立。

第四,职业生涯管理与升迁异动制度的设计。

（3）约束监督机制

约束监督机制的本质是通过限定体育赛事工作人员的行为,使工作人员达到体育赛事组织发展要求的一种行为控制。通过约束监督机制能规范体育赛事工作人员的行为,保证体育赛事活动的顺利进行。一般来说,可以通过以下几种方式来实现约束监督机制。

第一,制定相应的规章制度。

第二,设立相应的职业化行为评价体系。

（4）竞争与淘汰机制

竞争与淘汰机制也是体育赛事人力资源管理的重要运行机制,通过赛事组织人员的竞争,来淘汰不合格的工作人员,这样能激活工作人员的活力,保证体育赛事机构的合理运转。一般来说,可以通过以下几种方式实现体育赛事组织的竞争与淘汰机制。

第一,采用竞聘上岗制度,同时采用末位淘汰制度。

第二,人才退出制度(待岗制度、内部创业制度、轮岗制度、自愿离职计划、学习深造计划等)。

2. 体育赛事人力资源管理的组织结构

体育赛事人力资源的组织结构对于体育赛事的顺利举办具有重要的影响,可以说,一个合理的体育赛事人力资源组织结构有利于体育赛事目标的实现。人力资源的组织结构是一套形式化系统,在组织内部涉及职务及权利关系。通过它能够清晰地了解到各项工作的分配情况,各部门之间的上下级关系及内部协调机制。

一般来说,体育赛事组织机构可以分为一次性和连续性两种组织结构,也可以分为项目型、职能型和矩阵型三种组织结构。

(1)项目型体育赛事组织结构

一次性体育赛事组织结构在现代体育赛事组织中较为常见。在这种类型的组织结构中,每一个部门都有且只有一个上级领导部门,并且在各自管辖的范围内,上级领导部门对其直接下级部门有着直接的管辖指挥权,同时对于上级部门的指示,下级部门必须完全服从(图5-1)。

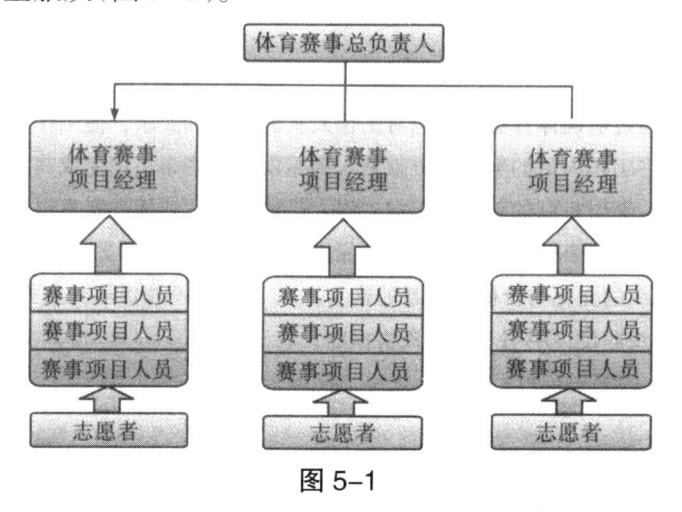

图5-1

第五章　体育赛事的科学组织与管理研究

(2)职能型体育赛事组织结构

职能型的组织结构,在连续性体育赛会中更为适用。这主要是因为连续性体育赛事各个工作部门的设置都是根据赛事管理业务和专业职能进行划分的。这种组织结构类型具有明确固定的分工特点,对进行长期的管理非常有利。例如,在很多洲际联赛或国家联赛中经常采用这种组织结构(图5-2)。

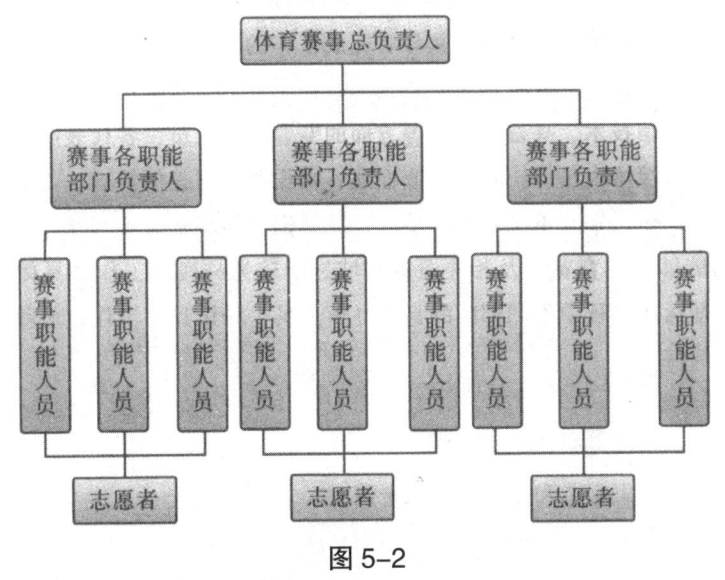

图 5-2

(3)矩阵型体育赛事组织结构

矩阵型体育赛事组织结构无论是在一次性体育赛事中还是在连续性体育赛事中都比较实用,这种组织结构既能够进行集中、横向管理,同时也能够进行分散、纵向管理。在矩阵型体育赛事组织结构中,可将工作部门分为以下两大类。

①根据纵向设置,可按管理职能的不同来设立各个工作部门,进行专业化分工,来负责管理相关业务,并承担责任。

②根据横向设置,按规划目标来进行划分,以此来建立起对规划目标总体负责的工作部门。

通过纵向和横向两种方式相结合进行管理来形成矩阵结构(图5-3)。

图 5-3

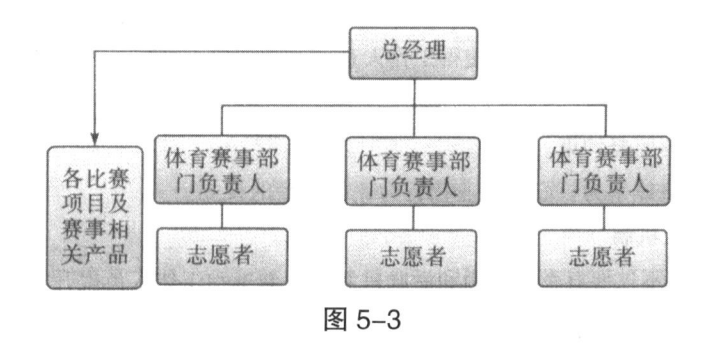

(二)体育赛事人力资源的招聘

人力资源的招聘非常重要,通过招聘人力资源来力争使管理活动更加科学化,使招聘来的人力与赛事本身的需要更符合,以实现人力资源的合理配置。体育赛事人力资源的招聘是一个对来自各方的求职者信息进行收集、分析和处理的过程。而这种信息是否丰富、准确,会对招聘录用工作的成效产生最为直接的影响。

1. 人才招募流程

作为一套整体的运行方案,体育赛事人力资源招募、录用程序中的每一个步骤都能得到科学实施,才能使体育赛事组织的人员调配更加系统化、专业化、合理化。如图 5-4 所示,为体育赛事人力资源招募的整体操作流程图。

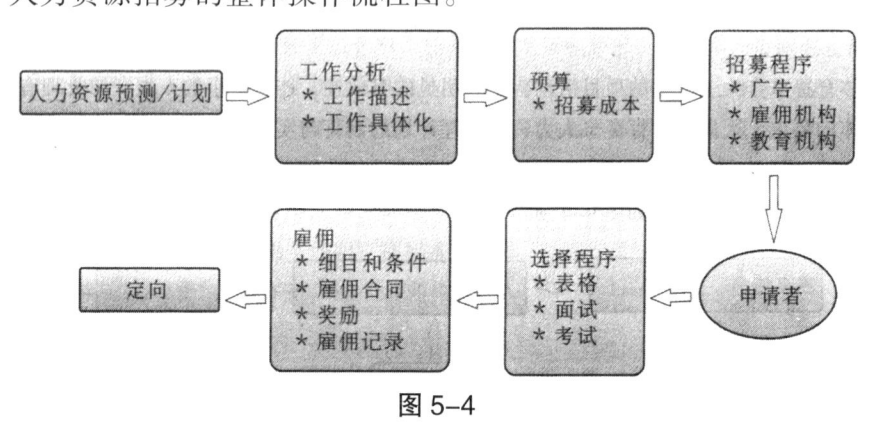

图 5-4

2. 招聘人员分类

体育赛事人力资源招聘的人员可分为两类,一类是体育赛事雇佣人员的招聘,一类是体育赛事志愿者的招聘,具体内容如下所述。

(1)体育赛事雇佣人员的招聘

一般来说,在小型体育组织中,项目负责人、经理或中层经理往往会负责环境审核或工作分析,因此小型体育组织的招聘渠道的数目相对较少。与小型体育组织相比,大型体育组织的招聘渠道较为正式,范围也较大,其工作分析和环境审核也是较为正式和全面的。体育赛事人力资源管理部门可以从组织内部或外部采用一系列的方法来招聘潜在的应聘者。在体育赛事人力资源招聘中,所要招聘的职位特征、工作时间限制以及所能调动的招聘资源等因素共同决定了体育赛事组织使用何种方式来进行招聘。例如,对于寻找初级职员来说,通过拜访体育管理专业的毕业班方式(学院/大学校园)进行招聘是非常有用的,但是这种方式并不适用于对高级管理人才或专业人才进行招聘。通过一些主流的报纸来刊登相应的招聘广告是一种招聘高级管理人才的好办法,不过这需要较高的费用。虽然相对于主流报纸来说,在体育专业报刊刊登广告所需费用相对低廉,但由于其覆盖面较为狭窄,浏览量相对较小,效果并不理想。目前,随着现代网络技术的快速发展,通过网站来对体育赛事管理专业人才进行招聘的方式已被广泛使用。这种新兴的方式能够用最少的开支来吸引更多人士的关注。

由此可见,体育赛事人力资源招聘的形式与渠道具有一定的广泛性,并且在招聘方法和方式方面具有多样性和灵活性。如表5-2所示,为体育赛事组织中较为常用的几种招聘方式优缺点比较。

表 5-2 体育赛事组织的几种招聘方式优缺点比较表

方式	优点	缺点
内部招聘	费用相对低廉,有利于提升员工士气,应聘者熟悉组织状况	招聘范围有限,可能造成应聘者之间的明争暗斗和嫉妒
网上招聘	浏览人数广泛,吸引专业人群关注,反应及时,适用于各种招聘人群	应聘人员情况复杂,很难直接了解真实情况
专业报刊广告	到达目标群体	成本高,可能需要长期广告来满足需要
报纸广告	分布范围广,能够达到广泛的目标群体,反应迅速	费用昂贵
招聘会	吸引大批潜在应聘者	选择性相对较低
学院/大学校园招聘	能够一次性接触很多人	常常局限于低层次职位,比较耗费时间
私人介绍机构(中介公司)	联系网络广泛,可信度有待考察	费用较高,局限于招聘高级职位
公共职业介绍所	通常收费较低,甚至不收费,容易接近	局限于招聘中层职位

(2)体育赛事志愿者的招募

体育赛事志愿者的招聘比较特殊,大型的体育赛事一般都需要大量的志愿者,这对于维持体育赛事的合理秩序具有重要的作用。因此,大型的体育赛事都需要制订出周密的志愿者招募和培训的管理计划。对于志愿者的招聘和选择,首选要判断出合适的申请人在哪里以及怎样才能将这些申请人吸引到体育赛事组织中来,这一过程是双向的,即赛事本身想要满足其对人力资源的需要,同时潜在的申请人也会对自身能否满足工作需要进行考虑,同时还会考虑是否愿意申请这一职位,以及在这一组织中个人价值能否得到实现。制订出体育赛事竞赛项目志愿服务人力资源开发和管理规划后,在开展志愿者的招募之前,需要准备各竞赛项目(如田径、体操、篮球、足球、游泳、射击等)志愿服务岗位的工作描述。书面的工作描述能够将适合的志愿者安排在合适的位置上,它也可作为一个有效的招募说明材料,同时它还是选择、培训和评价志愿者的标准之一。

3. 招聘程序

无论是雇佣人员的招聘,还是志愿者的招聘,其基本程序都包括确定招聘规模、发布招聘信息、招聘测试和征选录用决策四个步骤。

(1)确定招聘规模

体育赛事人力资源招聘的人数取决于体育赛事的规模。在体育赛事人力资源招聘方面,首先要明确各个岗位需要多少人员,确定需要的总人数,然后再对招聘工作预算进行合理制定。

(2)发布招聘信息

发布招聘信息就是将体育赛事招聘信息传递到可能会应聘体育赛事管理及服务的人群。在招聘信息发布的过程中,要遵循及时、广泛、多层次等几个原则。

(3)招聘测试

在选拔体育赛事工作人员时,对应聘人员进行考核筛选是必不可少的步骤,一般情况下,主要采用笔试、面试、心理测试、技能专长测试、情境模拟测试等方式。

(4)征选录用决策

综上所述,根据粗筛、面谈、测试等程序的结果做出录用决定。在这一阶段需要对应聘者做出综合分析和评价,并根据应聘者自身的情况特点来进行人员的配置。

(三)体育赛事人力资源的培训

体育赛事人力资源的培训,即体育赛事雇佣人员的培训和志愿者的培训。对于雇佣人员和志愿者来说,体育赛事人力资源培训是十分有必要的。为了使体育赛事雇佣人员和志愿者获得从事该体育赛事工作所必需的专业技能或工作技能,培训是必不可少的一个重要环节。体育赛事人力资源的培训可以分为三个阶段,即计划阶段、实施阶段、评估阶段。

1. 体育赛事雇佣人员的培训

体育赛事人力资源管理部门在对培训进行规划和控制之前,首先要对当前组织的培训需要进行确认。培训可能在组织层次、工作层次以及雇佣员工的个体层次三个层次上进行。在组织层次方面,从技术类型、市场和新战略方面都可能要求员工学习不同的技能和新技能;在工作层次方面,倘若其中有一项具体的工作发生变化,那么员工必须要通过接受相应的培训来获得与之相适应的工作技能;在雇佣员工的个体层次方面,无论是体育赛事的管理者还是员工,为了能够胜任本职工作或者想在职业生涯中更进一步,都需要某种具体的技能。作为培训内容之一,技术性是个体所需要培训的。同时,人际关系的建立、管理技能和冲突管理等诸多方面,也是雇佣人员需要培训的。

通过对体育赛事雇佣人员进行培训,可以发展三种类型的技能。对于基层员工来说,技术性技能是他们在培训中最受普遍关注的,但是作为体育赛事的高级管理者同样也需要掌握某些类型的技术性技能。人际关系在体育赛事管理中非常重要,人际关系技巧的掌握是必要的。这主要是由于在一项体育赛事组织中,大多数人都需要在某类型的工作单位或小组中进行工作,而整个团队想要获得成功,就需要进行合作。许多雇佣人员掌握了良好的人际关系技巧,而其他的雇佣员工同样也可以通过培训来对人际关系方面的技巧进行改善。

对体育赛事雇佣人员进行培训的方式有两种,即集中式培训和岗位制培训。其中,集中式培训是目前体育赛事管理方面进行人员培训时较为常用的方式。这种培训方式既可以节省很多时间,同时也可以节省人力资源。岗位制培训,就是通过原有员工或从事过体育赛事管理的人员在相应的岗位工作中进行实际的操作练习培训。

2. 体育赛事志愿者的培训

对体育赛事志愿者的培训方式主要有基本培训、专业强化培

第五章　体育赛事的科学组织与管理研究

训和针对服务岗位的专门培训。首先,所有体育赛事志愿者都要进行基本培训。在培训的开始阶段,志愿者们要大致了解一些基本情况,如自己所在的组织以及组织的发展目标等。这些基本情况,通常可以通过发放相应的培训手册和利用一些可视媒介(如图书、期刊、报纸、电视等)、广播以及网络这一多媒体刊载或播放有关的体育赛事的资料、国际体育组织的概况、志愿者服务以及当地历史文化、交通、旅游情况等内容,以此来使志愿者的团结协作精神和奉献精神得到激发,同时有助于志愿者能够更快、轻松地适应和融入新组织。基本培训其实也是志愿者的定位过程,它可以与定位相结合来同步开展。另外,还可以组织一些大型的集中性讲座或实地考察活动等来对那些培训手册中无法详细阐述的内容进行有针对性的讲解,这样还可以弥补一些可视媒体缺乏互动性的缺陷。对于那些为各个竞赛项目提供服务的志愿者,需要进行专业强化培训。通常情况下,可以通过自学、小组讨论和讲座等方法在特定的培训基地或其他地方来开展培训活动,使这些志愿者对自身所服务的竞赛项目的发展历程、发展现状以及该竞赛项目的基本知识有所了解,以避免发生服务人员对自身所服务的对象一无所知的现象。根据竞赛项目的不同以及工作岗位职责的不同,需要针对服务岗位对志愿者进行专门培训,以使志愿者能够熟练掌握本服务领域的环境和交通状况以及本工作岗位的工作内容、工作程序和注意事项等。这一阶段的培训强调实践性,培训方法多采用模拟、案例分析和角色扮演等形式,加强志愿者对服务领域的了解,熟悉服务内容,更好地完成自己承担的任务。

　　体育赛事志愿者培训计划通常包括基础教育和专门部门培训,志愿者还要增加包括礼仪、语言、计算机等多方面的服务技能的培训。培训课中要增加一些实景模拟练习,并且要帮助培训人员树立信心,使其掌握紧急情况下帮助观众及参赛者解决问题的能力。对于雇佣的专门性人员,应当给予体育相关背景知识的介绍,使之熟悉体育赛事的操作理念。

就拿 2000 年悉尼奥运会来说,此届奥运会所招募的志愿者创下了历史之最,约有 4.7 万人,其中有接近一半的志愿者从未接触过志愿者工作,而他们需要接受十几个小时甚至是几十周不等的培训。悉尼奥运会志愿者培训的费用是由政府承担的,并安排在全州的 129 个教学点进行培训。整个培训分为定位培训、场馆培训和特定工作培训共三期来完成。通过对志愿者进行定位培训,志愿者可以了解和学习奥林匹克的发展历史、奥林匹克精神、奥林匹克火炬的意义和象征、行动守则、顾客服务等。通过进行场馆培训,志愿者可以熟悉工作团队和工作的地点。通过进行特定工作培训,志愿者可以对相关的工作内容进行详细的学习。其中,有一项培训是针对所有职员和部分志愿服务人员的项目领导能力进行培训。据统计,在悉尼奥运会举办前的三个月内,共进行了 100 万小时的志愿者培训工作。

综上可知,悉尼奥运会的志愿者培训主要包括以下三个方面。

(1)学习奥运知识。志愿者要熟悉奥运会的发展历史、奥运会精神、奥运会理想、悉尼奥运会的徽标、特点以及悉尼奥运会吉祥物的含义等。

(2)学习场馆知识。志愿者要熟悉场馆所在的位置、竞赛项目、时间与地点、报告与责任系统、自己的位置和职责等。

(3)进行专业技能培训。志愿者的专业技能培训包括救护知识、安检程序、赛事口语等。

除此之外,志愿者还要接受职业道德和行为守则教育培训。例如,当志愿者穿上志愿者服装之后,就不能在公众面前嚼口香糖、吃东西、喝酒、吸烟,也不能在观众席随意就座,不能使用粗俗的语言,不能要求与运动员合影,不允许开不适当的玩笑,不能收受贵重礼品,收受礼物要向上级报告,不准为比赛的输赢打赌,不得做个人交易,在岗位上不能接打私人电话。志愿者在与残疾人交谈时,要俯身倾听,不能注意对方的残疾之处,要对其要求和困难给予特别关注,提供帮助前要征求对方的同意,以避免伤害到对方自理、自立的自尊心。

第五章 体育赛事的科学组织与管理研究

(四)体育赛事人力资源的遴选

在对体育赛事人力资源进行培训之后,需要对体育赛事人力资源进行遴选,以完成对人员的选拔录用工作。这一环节可以通过多种形式来进行考核,以此来将优秀的人力资源吸收到体育赛事管理之中。通过面试之后,通过考核体育赛事人力资源在这段时间的培训情况,来对即将被录用的人员是否能够胜任体育赛事管理的工作进行科学检验,这也是遴选的意义所在。之所以说这样做更为科学,是因为通过培训,所有人员都会对体育赛事及其相关知识有一定的了解和掌握,以保证考核的客观性,从而从中挑选出更为适合的体育赛事人选。体育赛事人力资源遴选的方式有很多种,常用的方式主要有在岗实习遴选、现场测试遴选、答卷式遴选、心理测试遴选等。

此外,为了防止出现突发事件以及体育赛事组织中管理及工作人员的部分流失,在组织体育赛事的过程中,要做好充分准备,在招聘、培训人员时留出一部分备选人员是最为保险的方式,以此来应对出现突发事件或人员流失时所产生的人员紧张局面。

(五)体育赛事人力资源的使用

在对经过体育赛事培训的人力资源进行遴选的过程中,体育赛事组织管理人员要根据被聘用人员的特点将其分配到体育赛事管理的相应部门进行工作。根据各个部门的具体工作要求,每一个新上岗的人员都要对自己的工作重点进行调整。体育赛事所需岗位非常多,如表5-3所示。

表5-3 体育赛事所需岗位列表

工作人员/相关人员			
志愿者	财务人员	安保人员	服务员
官员(裁判员)	医护人员	引导员	电工
赞助商	推广/集资者	娱乐演员	清洁员

续表

工作人员/相关人员			
VIP贵宾接待员	摄影师	广播员/MC/评论员	酒吧服务员
媒体联络员	维护/修理/技术工		

(六)体育赛事人力资源的储备

与其他组织管理相比,体育赛事组织管理具有一定的特殊性,在体育赛事的申办、筹备、开始和结束等各个阶段,所需要的人员也是不相同的。这就要求体育赛事组织部门根据招募的人员名单要尽可能地从中挑选出与之相对应的专业后备人才,以便于下一阶段工作的安排。此外,体育赛事组织管理人员还要对体育赛事运作过程中重要岗位人员的流失情况进行考虑,为了避免因人员流失而对体育赛事本身造成不利影响,在对申请人进行招募的过程中,组织部门还要从中预留出一定比例的后备人员,以防止因人员流失而带来的损失。

体育赛事的人力资源招聘、培训、遴选和使用是体育赛事组织能否正常运行的重要环节,科学合理地使用相关专业人才,可以使每名工作人员的专长得到充分的发挥,为体育赛事运作提供良好的人力资源。

(七)体育赛事人力资源的考核与评价

1.体育赛事人力资源的考核

体育赛事人力资源的考核是对雇佣人员和志愿者的一种激励机制,通过对赛事管理和服务人员的综合考核,使他们对各自的工作表现有一个清楚的认识,并且还可以通过考核,形成淘汰机制。为员工分配工作之后,体育赛事组织的管理层就要评估各员工的绩效。绩效考核显示了员工个人和他所在的团队对体育赛事组织的整体目标的贡献程度。更为明确的是,绩效考核通过对薪资水平、奖励分配、员工等方面的决策进行指导,来促使组织的工作效率和工作效果得到大幅提高。同时,通过进行绩效考核,对那些未能在体育赛事组织中达到工作标准的员工采用处罚、提高培训、解雇等方式来对他们的低效工作进行矫正。概括地说,绩效考核是体育赛事组织奖惩体系的关键指标。绩效考核也为员工提供反馈,帮助他们选择职业生涯的相关决策。此外,通过绩效考核还可以对体育赛事组织所需要的培训类型进行辨识。最后,绩效考核能够辅助管理者修正最初的雇佣过程中使用的标准。体育赛事人员绩效评定如图5-5所示。

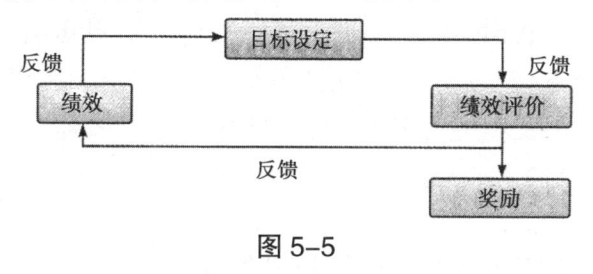

图 5-5

2. 体育赛事人力资源的评价

根据体育赛事人力资源的类型,体育赛事人力资源评价可分为对雇佣人员的评价和对志愿者评价两种。

(1)对体育赛事雇佣人员的评价

通过对体育赛事雇佣者进行评价所得到的结果,不仅可以为招聘、选拔雇佣者提供可靠而有价值的依据,而且可以为雇佣者今后的培训发展提供参考。

(2)对体育赛事志愿者的评价

对体育赛事志愿者的评价,可分为诊断性评价、形成性评价和总结性评价三类。首先,诊断性评价其实就是一个选择的过程,即在对志愿者进行招募和选择的过程中,对申请人进行大体的了解、评定和筛选,如审查申请人是否有犯罪记录等,这就是诊断性评价。

形成性评价在志愿者的培训过程中进行,是对志愿者的日常性评估,肯定他们取得的进步,找出各方面存在的不足,以期尽快改正,同时这也是对志愿者进行保持和激励的有效手段。总结性评价可看作是对志愿者完成志愿服务后的评价,也可在达到某一阶段性目标后对志愿者进行评价,如在培训结束后、测验赛后等。将各阶段性目标的总结性评价放在整个志愿者的学习培训和服务过程中来对待,它又可被认为是形成性评价。

就拿奥运会来说,对奥运会志愿者进行诊断性评价是非常重要且必要的。而对于形成性评价和总结性评价,根据相关调查显示,有46.7%的专家认为应贯穿志愿者培训的始终,有60%的专家认为应对志愿者在整个奥运会期间的工作和表现进行评价。从数据上可以看出,绝大多数专家都倾向于对奥运会竞赛项目志愿者进行全方位、从始至终地评价他们的行为。在评价时,要采用正式与非正式相互交互的形式,这样可以对志愿者工作的开展情况进行了解。

三、体育赛事财力资源的科学管理

(一)体育赛事的财务预算

1. 财务预算的形式

预算是活动组织者在进行有效决策时对财务进行管理的一项重要工作。预算是每个活动的关键内容,为监督整个活动及其各组成部分朝既定目标发展提供一个严谨的依据。因此,体育竞赛活动管理者一定要对预算编制的相关问题加以了解,并对一些科学预算方法进行熟悉与掌握。下面对体育竞赛管理中常见的两种财务预算形式及方法进行分析。

(1)弹性预算

一个科学合理的预算应当区分固定预算、半固定预算和可变预算,并随活动规模的变化而进行调整。弹性预算能将实际支出和一个现实的预算进行有效的比较,弹性预算为体育竞赛活动管理者调整活动计划时提供了更广阔的视野。

第五章 体育赛事的科学组织与管理研究

（2）现金预算

体育竞赛举办过程中，在特定活动时间内所需要的现金收支可以通过现金预算来了解。不管是何种活动的管理者，现金预算对其来说都是最重要的预算手段之一，它能够为管理者使用活动收支提供指南。活动是亏损还是盈利，能够通过现金预算鲜明地显示出来。

现金预算常常会出现某种程度的松懈，它可以通过对收支安排进行调整来达到最终的平衡。此外，预算编制也是一个有效的财务预算手段，它为体育竞赛管理者有效编制每个活动的预算提供了一个总的方针。

2. 财务预算的具体项目

体育运动竞赛管理者不仅要对现金预算及弹性预算这两种预算形式进行熟练的掌握，还需要对体育运动竞赛预算的具体项目有一定的了解和认识，具体来说，其主要包括以下两个方面。

（1）组委会预算

体育运动竞赛活动中，组委会预算支出的具体项目包括六个方面，即比赛设施费用、竞赛费用、赛事组织的行政管理费用、赛事活动的宣传推广费用、贯穿体育运动竞赛的相关大型活动费用以及一些不可预见事件的费用。

（2）非组委会预算

非组委会预算通常指的是对体育赛事配套公共设施的投入，如可以给体育赛事举办地政府带来社会效益或经济效益的与赛事活动相关的配套公共设施建设等，这部分预算有时可以使用政府公共资金。一般体育运动竞赛的非政府预算包含基础设施、场馆设施的改造与维修费用以及服务项目的投资等。

（二）体育运动竞赛的资金筹集

体育竞赛管理中，筹资管理的基本要求是严格遵循国家法律和政策的要求，以经济核算的原则为依据，通过不同渠道和不同方式对资金加以筹集,从数量上使体育运动竞赛经营的需要得到满足;同时,要注重资金成本的减少,避免财务风险的出现,促进筹资效益的提高,以使体育运动竞赛财务管理的目标能够顺利实现。体育运动竞赛的资金筹集方式有以下几种。

1. 商业赞助

商业赞助是举办体育运动竞赛活动的重要资金来源之一,反映了体育竞赛管理机构和企业经营者互取所需的商业合作关系。企业的赞助活动能够为体育运动竞赛的开展提供大量的资金。为了更好地通过企业赞助来增加赛事举办所需资金。

2. 门票收入

大型体育运动赛事对体育爱好者的吸引力很强,大批爱好者都会买票去现场观看,一睹体育明星的风采。例如,为了在现场观看世界杯比赛,全球各地球迷不惜花费重金和大量的时间前来观看,这就会增加门票收入。体育赛事门票的销售渠道主要有三种,即体育赛事运作管理机构直接销售门票;赛事运作管理机构委托专业票务管理公司全权代理销售门票;以上二者的结合。以上三种门票销售渠道各有利弊,没有绝对的好,也没有绝对的坏,虽然都会带来收入,但还是要注意合理采用。

体育赛事运作管理机构对门票销售渠道的合理选择需要以赛事的特点以及自身的能力、经验为依据来进行。倘若举办的体育赛事是本地周期性的常规赛事,观众基础比较稳定,那么比较适宜的门票销售方式就是体育赛事运作管理机构直接销售和委托赛事举办的场馆售票点进行销售。倘若举办的是大型体育赛事,门票销售数量多,销售对象范围广,那么单凭赛事运作管理机构的力量难以建立高效、完善的门票销售管理系统,这时就需要委托专业票务管理公司承担部分门票销售。

3. 广告收入

在体育赛事的举办过程中,企业通常很重视在赛事中做广告。现在有多种多样的广告类型,无论何种类型的广告,在赛事活动中进行广告宣传对赛事举办单位而言无疑都是有益的。

4. 控制花费

省钱是赚钱的另外一种方法,在体育运动竞赛中也是如此。只要经过认真的思考和睿智的谈判,就能够发掘出大量降低财政支出的方法。例如,倘若能够借到或通过易货交易换取垃圾桶的话,就无需花大量的钱去购买。在体育竞赛举办中,装修、饮料、广告、设备、运输以及后勤保障等问题都可以通过相关的方法来控制消费。

5. 公共投入

在体育赛事尤其是大型赛事的举办过程中,政府进行公共投入是在所难免的,这也就为赛事的举办提供了重要的资金保障,奥运会就是如此。

6. 电视转播权收入

对体育赛事进行电视转播可以促进赛事节目收视率的提高与上涨,因此也会带来可观的电视广告收入。所以,对赛事转播权的开发与销售特别重要。体育竞赛的组织单位通过销售与出让电视转播权能够获得可观的收益。公开招标是组织单位销售电视转播权的主要方式之一。体育运动管理机构或赛事主办单位通常都会采用公开招标的方式来将电视转播权出售给电视机构。例如,1992年巴塞罗那奥运会以招标形式出售电视转播权,NBC公司最终以401亿美元中标。市场经济发达、体育市场成熟是采取公开招标这一销售方式的前提与基础。电视机构积极参与竞争,购买体育赛事电视转播权,主要是为了对自我形象进行展现,将自身实力证明给外界看,更重要的是为了从中赚取高额利润。然而,倘若市场机构不健全,缺乏公开、公平的竞争,或者各个电视机构之间实力悬殊,又或者体育赛事的影响力并不大,则很难通过公开招标的方式来将体育赛事电视转播权成功销售。

一旦采用这一方式不成功,体育赛事的形象就会受损。因此在体育竞赛的举办过程中,对这一方式的运用要小心谨慎。

7. 市场开发

体育赛事市场开发就是体育赛事运作管理机构以赛事所拥有的各种资源为立足点,尽可能地通过市场交换行为促进赛事收入增加的过程。体育赛事市场开发方案能否顺利实施,有两个重要的衡量标志。

①体育赛事市场开发的收入,这是对市场开发工作质量进行衡量的硬指标。比如,一些体育赛事虽然很风光,声势浩大,然而其市场开发过程中却出现了赤字现象,或者即使有盈余,也远远少于前期营销投入的费用,因此这一体育赛事的市场开发并不能算作是成功。

②体育赛事市场的开发对象(向赛事支付费用)是否感到满意,购票观众、赞助商、对电视转播权进行购买的媒体机构等是常见的开发对象,赛事市场开发收入主要来源于这些开发对象,体育赛事中也将这些开发对象作为重要的客户,倘若这些客户感到不满意,那么就意味着他们支付的价格未能通过赛事给予他们的价值得到补偿,这时就可能会出现法律纠纷。

与第一个衡量标准相比而言,第二个衡量标准产生的影响更长远、更深刻。

(三)体育赛事的财务控制

1. 财务控制的概念

对各项活动进行监视,以确保其按计划进行,并对各种重要偏差加以纠正的过程就是所谓的控制。财务控制指的是在生产经营活动的过程中,以计划任务和各项定额为依据,对日常资金的收入、支出、占用、耗费进行核算,通过对特定手段的利用来对各单位财务活动进行调节,以促进计划规定的财务目标顺利实现的过程。

计划任务的落实、计划的顺利实施都离不开科学的财务控制,体育赛事管理者应当将财务控制看作是自己的工作职责。如果控制系统科学有效,各项行动向组织的目标方向发展就能够得到保障。管理者制定的控制方案越完善,其就越容易实现组织的目标。

2. 财务控制的内容

(1)成本控制

财务控制中最重要的是成本控制。赛事的成本控制就是对体育赛事的成本进行真实合理的核算,对赛事的资金进行管控。成本核算是从费用的角度对体育赛事进行规划,对完成赛事所需费用的估计和计划。在体育赛事的成本核算出后,进行成本指标分解,落实到每个部门、每个员工,以便检查、考核。通过计划指标的分解,可以把计划任务变成各部门和个人可以控制的数量要求。

(2)流动现金控制

现金是生产过程中暂时停留在货币形态的资金,包括库存资金、银行存款、银行本票、银行汇票等。现金是变现能力最强的资产,拥有足够的现金可以降低体育赛事的风险。对体育赛事而言,同样有持有现金的机会成本、转换成本和短缺成本的问题。因此需要考虑最佳现金持有量。其计算方法常采用成本分析和随机模式法。对现金收支的控制,是个综合的过程,其中包括现金收支项目、收支数量、收支比例等相关的内容。

(3)利润分配控制

利润是企业在一定期间进行生产经营活动所取得的成果,是收入和支出相抵后的结果。利润的分配直接关系到所有者的合法权益是否能得到保护,关系到企业是否能长期稳定的发展,关系到国家能否及时、足额地征收所得税。在现阶段,体育赛事盈利还是一件较为困难的事,然而一旦实现盈利,对体育赛事利润分配的控制同样涉及多方面的利益关系。首先必须规范利润分配渠道,统一利润分配办法,实现合理的利润分配制度。体育赛事利润总额的构成内容取决于收入与成本、费用的比例关系。在收益利润分配中应依照"依法分配、兼顾各方面、投资与收益(谁投资谁受益)"的分配原则。

3. 财务控制的方法

财务控制的方法主要有以下几种。

(1)成本核算

成本核算指的是对体育赛事运作过程中成本的预计、分类和分配。固定成本和变动成本是成本核算的常见类型。固定成本指的是体育运动竞赛中与参加人数无关的消费,即不管参加的人数有多少,花费都是不变的;变动成本指的是与参加人数有关的花费,这部分花费会随着人数的增加而增加,如食物、饮料等方面的花费。体育赛事举办的成本与竞赛规模之间是有很大关系的。一般在体育赛事举办中投入的成本要能够确保赛事顺利进行,并可以实现一定的营销与推广。

(2)收入核算

体育赛事的类型及规模都会对体育运动竞赛的收入产生极大的影响,赛事收入来源直接由赛事类型决定。同时,赛事的目标能否实现,赛事计划能否顺利进行,会受到赛事收入的影响。赛事收入可分为两部分,即基本资金收入和营销收入,具体包括拨款/贷款、集资、门票销售、赞助、报名费、媒体(报道权)、商品销售等。

从预算的本质与作用来考虑,体育赛事预算与财务管理要经历这样一个过程:首先对赛事的目标、环境、任务加以了解,其次对赛事预算加以建立,最后对赛事现金流动加以控制并对最后结果进行评估,及时反馈信息。

赛事预算与财政管理会对体育赛事管理效果产生直接的影响,对赛事的预算与财政管理应该围绕赛事的目标与环境情况有针对性地展开相关工作。

（3）财务报告

通过财务报告，相关的各个方面可以获得会计信息。体育赛事运作机构外的人们只能得到这一类的报告。体育赛事运作机构每年年底应该制作本年度的财务报表，以此来对赛事的经营状况进行详细的说明，根据相关法律规定，包括体育赛事运作机构在内的所有体育赛事运作机构必须公开一份财务内容广泛的详细年度报告。下面主要对两种基本的财务报告进行分析。

①赢利与亏损报告

赢利与亏损报告显示了一段时间内的收入、支出以及纯利润，标题应该包括体育赛事运作机构名称、报告类型以及报告所跨的时间范围，该报告还包括特定时间内的现金交易与贷款交易，并被看作是判断与推测销售、成本、费用及利润的经营状况凭证。它还清楚地勾画出了体育赛事运作机构在一年内的纯利润水平。另外，管理财务信息是经营决策活动非常重要的一项内容，它同时还能够反映出任何活动组织的水平。

②资产负债报告

资产负债报告显示了体育赛事运作机构在某个特定日期的财务状况，如资产、债务、物主产权等内容。

资产负债报告标题应该包括体育赛事运作机构名称、报告类型以及报告的确切日期。资产负债报告能够有效防止现金消耗殆尽这一类问题的发生，因为体育赛事运作机构的迅速发展有赖于必要的财务资源，因此，资产负债报告能够很好地保证现金流入商业营运之中，而不被其他的体育赛事运作机构公司随便利用。通过现金资助债务人或者允许顾客以一定额度的透支等方式使现金紧缩，防止短期投资的出现或者债务偿还能力的降低。此外，资产负债报告的主要目标是争取到充足的年度资金以能够利用市场同对手进行竞争，有效地处理好资产负债状况对于经营的增长具有非常重要的意义。

（4）财务比例分析

监督活动的执行情况与财务状况对于企业而言具有非常重

要的意义。比例分析是一种比较方法,它采用一种易于理解的形式(通常为百分比)来比较各个方面的重要关系。

比例是易于同其他活动相比较且体现某个活动具体的实施情况的有效方式。体育赛事运作机构一定要出具财务比例分析报告,因为这样能够更加清晰地指出需要进行长期或者短期改进的地方。

①流动性比率＝流动资产/流动债务,它表明流动资产与流动债务之间的比例关系。

②速动比率＝(流动资产－存货)/流动负债,它表明只利用能够迅速兑现的流动资金而不利用存货。

③边际利润率＝净利润/净销售,它表明销售所产生的利润百分比。

④资产周转率＝净销售/总资产,它表明资产用于销售的情况。

⑤资产回报率＝纯净利润/总资产,它表明利润占资产的百分比。

⑥资产权回报率＝净利润/总产权,它表明投资方获利的情况。

4. 财务控制的过程

财务控制始终贯穿于整个体育赛事的运作过程。例如,预算是体育赛事最重要的控制,而体育赛事的运作过程中应该包括财务报告、财务比例分析以及收支核算等,在体育赛事结束之后应该有财务结算以及评价。也就是说,财务控制在事前、事中以及事后都应该严格执行。下面就对体育运动竞赛财务的事前、事中和事后控制进行简要分析和说明。

（1）事前控制

财务活动发生之前所进行的控制就是所谓的事前控制。例如,分解指标,分解后的各项指标落实到各归口部门,确保各项指标都能够实现。对控制计划执行的标准和制度进行制定,以便促进内部控制能力的不断加强。

第五章 体育赛事的科学组织与管理研究

（2）事中控制

以计划和制度的各项要求为依据来审查赛事经营过程中实际发生的各项业务活动,并通过采取相关措施来加以控制的过程就是所谓的事中控制。例如,为了对短期偿债能力进行控制,对流动比率随时分析,一旦察觉有不合理情况,就对其进行相应的调整。

（3）事后控制

事后控制就是在按计划采取相关行为之后,对实际与计划之间的差异进行认真分析与检查,通过有效的措施来使偏差消除,或对计划进行调整,缩小现实与计划的差异。

5. 财务控制的原则

进行有效的财务控制是保证各项管理能够正常运转的重要基础,也是提高组织管理效率的重要手段。所谓体育赛事的财务控制是在体育赛事活动开展过程中,以计划任务和各项定额为依据,对资金的收入、支出、占用、耗费进行核算,以便实现计划规定的财务目标的过程。体育赛事的财务控制应坚持以下几方面的基本原则。

（1）平衡原则

在体育赛事财务控制上,力求使资金的收支在数量和时间上达到动态的平衡。从会计学角度来看,资金的收支是资金周转的纽带。从静态来讲,要求资金达到静态平衡,即资金占用等于资金来源,或资产等于负债加所有者权益;从动态来讲,资金的现有余额和预计收入与支出差额之和要等于预计现金余额。

（2）弹性原则

在资金的动态平衡中,财务控制应努力实现收支平衡,略有结余,即在追求准确和节约的同时,留有合理的收缩余地。在财务控制的实践中,对现金、存贷留有一定的"保险储备",在编制财务计划时留有余地,都是弹性原则的具体体现。体育赛事运营是一个充满变数的过程,会出现许多新的情况。在体育赛事的财务控制上,把握弹性原则具有较大的现实意义。

(3)比例原则

在体育赛事的财务控制中,除了对绝对量进行规划和控制外,还必须通过各因素之间的比例关系来发现控制过程中存在的问题,采取相应的措施,使有关比例趋于合理化。在财务控制实践中,进行财务分析的比率分析、体育赛事的筹资结构决策、体育赛事的投资组合决策时,都要体现这个原则。

(4)优化原则

体育赛事财务控制过程是一个不断进行分析、比较和选择,以实现最优的过程。它包括多方案的最优选择、最优总量、最优比例关系的确定等内容。这些工作应该在体育赛事的计划书中列算,并且在实施过程中严格贯彻。

(四)体育赛事的财务评价

1. 财务评价的原则

对体育赛事进行财务评价,不应该仅仅局限于体育赛事直接获得的经济效益,同时还应该综合考虑它在社会文化、交流、就业等其他相关方面产生的促进作用。因此,综合评价是体育赛事财务评价的重要原则。

2. 财务评价的方法

(1)成本效益

①直接经济效益的评价。是否存在直接的经济效益,这在成本以及收入核算中应该能得到明确的答案。但是,有一些体育赛事的经济效益并不能够从赛事组织过程本身的核算上体现出来。

②就业效应。一项大型体育赛事的成功举办常常能够提供很多的就业机会,如建筑、餐饮服务、交通运输、宣传推广等方面的工作岗位。

③政府收支。对于政府而言,省去救济相关就业人员失业的

费用就等同于多了一项收入。举办体育赛事所带来的公共设施建设对于政府部门也是一件好事。

④隐性收支。体育赛事的举办对于举办地声望的提升以及相关旅游业的发展等方面都存在着一些长期的、隐性的收入推动。

（2）社会效应

成功的体育赛事推广会对大众体育的发展产生积极的影响，它对于大众健身运动的传播、人民文化层次的提升以及社会的安定等方面都具有很大的推动作用，而这种效益往往是无法从具体的数据上反映出来的。

第六章 体育赛事市场的开发与营销研究

在当前体育竞赛市场竞争越来越激烈的情况下,加强体育赛事的开发与建设非常重要,这将直接影响到体育赛事市场的进一步发展。体育赛事市场的开发与营销,需要赛事开发者与组织管理人员密切配合,结合体育赛事市场发展的实际,制订科学、有效、合理的体育赛事市场开发与营销方案。这对于推动我国体育赛事的建设及体育产业市场的发展具有重要的作用和意义。

第一节 体育赛事市场开发与市场营销的理论体系

一、体育赛事市场开发基本理论

(一)体育赛事市场开发的概念

体育赛事市场开发是指体育赛事运作管理机构以赛事所拥有的各种资源为立足点,尽可能地通过市场交换行为促进赛事收入不断增加的过程。体育赛事市场的开发程度如何将直接影响着体育赛事产业的发展。

(二)体育赛事市场资源的类别

体育赛事的市场资源包括体育赛事无形资产资源、有形资产资源以及由这两类资源构建的衍生资源及政府政策支持的资源。

1. 体育赛事无形资产资源

排他性营销权；视觉识别系统使用许可权（赛事名称、会徽及吉祥物等）；赛事比赛项目冠名权；奖杯奖项冠名权；赛事相关活动冠名权；赛事专用产品专有权；赛事比赛场馆冠名权；赛事组委会名誉职位；赛事合作伙伴、各等级赞助商、供应商、服务商的授予权。

2. 体育赛事有形资产资源

特许经营授予权；电视转播权；比赛场馆广告资源；比赛印刷品广告资源；开幕式、闭幕式及比赛门票。

3. 体育赛事衍生资源

相关活动经营权（文体、娱乐、展会及经济贸易等活动）；体育彩票发行与经营；社会捐赠。

4. 政府政策支持体育赛事的资源

举办地的户外广告；举办地政府特许专卖区域；举办地政府市场准入支持；税收优惠政策；举办地政府支持和扶持的其他资源。

（三）体育赛事市场开发的步骤

一般情况下，体育赛事市场开发的工作分以下七个步骤进行。

1. 设置机构

设置机构是体育赛事市场开发的必要条件，只有在相关机构的带领下，才能开展各项体育赛事活动。总的来说，体育赛事的历史传统、性质以及规模等要素会影响对体育赛事市场开发的组织机构及相关人员的设置。倘若体育赛事运作管理机构是公司性质，通常会将市场开发部门设置在公司内部；倘若组委会由政府行政部门组织建立，那么就会对市场开发公司进行单独设立。

不管是市场开发公司,还是市场开发部门,在内部的架构上通常都是以业务及职能为依据进行划分的。

2. 统筹资源

统筹资源是体育赛事市场开发的第一步,这一环节非常重要。

(1)工作量很大

工作量大主要表现在各个方面,如仅仅就统计场馆广告资源而言,就需要进行很多的工作,如实地进行测量、现场进行拍摄、对平面示意图进行制作以及对图样进行设计等许多方面。

(2)对细节要求高

体育赛事市场的开发推广以及执行过程都会受到统筹工作是否细致的重要影响,例如,在设计广告牌尺寸时,看似几厘米的误差无关紧要,但在具体执行过程中很可能因为一厘米而导致安装工作无法进行,从而使工期延误,金钱损失,对赞助商权益造成一定损害。

(3)需要多部门协调

在体育赛事市场开发的过程中,做好资源统筹工作仅凭一个部门是难以完成的,需要各个部门之间的通力合作才能实现既定的任务和目标。例如,在设置场馆内外的广告时,主要负责部门联系安全保卫部门,二者共同商榷广告设置的安全性问题,使广告设置与安保标准相符。又如,在统计电视转播权资源时,主要负责部门一定要及时联系负责广播电视工作的部门,相关部门共同开展工作,确保资源统计的准确性。

(4)富有创意

要想促进体育赛事市场的进一步发展,就需要不断挖掘新的市场资源,或者以原有资源为基础创造形式新颖的资源,这些都有利于体育赛事市场资源数量的增加、质量的提高及价值的扩大。

3. 确定目标

期望体育赛事市场开发收入(现金、物资、服务)增加是市场开发的主要目标。可以通过两种方式来制定这个目标,两种方式

第六章　体育赛事市场的开发与营销研究

可以独立使用,也可以综合使用。

对赛事所要达到的市场开发目标的确定可以以赛事的资金实际需求为依据进行,我国许多大型体育赛事普遍采用这一方式来确定目标。地方政府和体育行政管理部门通常会通过拨款来支持大型综合性赛事的举办,对赛事举办整个过程所需资金的估算是由赛事运作管理机构完成的,市场开发的目标金额就是估算后的金额即减去财政拨款后的资金缺口。

对体育赛事市场开发目标的确定还可以先估算赛事市场资源的总体价值,然后以此为基础对赛事的市场开发目标进行确定,各种类型的体育赛事都可以采用这一确定目标的方式,商业体育赛事中采用这一方式的居多。在估算总体价值时,需要考虑的因素有很多,如以往各届赛事的市场开发情况,同类型赛事的市场开发情况,赛事举办地的自然与社会环境特征、社会经济增长率等。

在对市场开发目标进行拟定的过程中,市场开发总收入中现金、物资、服务的比例构成也会涉及其中。对于体育赛事运作机构而言,最理想的市场开发收入形式就是现金,对其进行管理比较方便,且容易,而且能够灵活使用,不需要对各种繁琐的问题(计价、折旧、变现、保管、保质期等)进行考虑。然而从市场开发的视角来看,市场开发收入的最佳形式就未必是现金了。比如,赞助商可能希望通过赞助产品或者提供服务来展示产品的性能或服务的质量。所以,有时获得现金的市场开发难度要比获取同等价值的产品、服务还要高。倘若体育赛事的实际运动过程中需要这些产品和服务,如服装、电脑、比赛器材、印刷服务、网络设备、餐饮服务、汽车服务等,那么它们也可以替代现金,成为理想的市场开发收入形式。

4. 确立规则

等价交换在开发体育赛事市场过程中是一个关键词,赛事的市场开发要对"公开、公平、公正"的原则严格加以遵循,所以在完成资源统筹和确立目标的环节后,体育赛事运作机构需要对赛事市场开发的总体规则及相关规定尽快加以制定,并向赛事主办单位或主管单位汇报,对稳定、统一、权威的规则进行确立。只有这样,才能保障顺利有序地开展体育赛事的市场开发工作,才能使人云亦云、朝令夕改的现象得以避免。

一般情况下,体育赛事市场开发的规则和规定包括《体育赛事广告管理规定》《体育赛事市场开发总体计划》《体育赛事专有权管理规定》《体育赛事捐赠管理规定》《体育赛事特殊标志管理规定》《体育赛事市场开发代理管理规定》《体育赛事电视转播权管理规定》等。[1]

5. 制订方案

在体育赛事市场开发中,制订一个科学合理的开发方案是尤为重要的。一般来说,市场开发方案主要包括以下内容:对市场开发的目标对象范围进行确立;对销售预期目标进行确定;对市场开发的费用进行预算;对各项开发项目的工作要求进行确定;对销售策略与销售方式进行确定等。

对各项开发工作的具体方案进行制订主要包括制订电视转播权销售方案、制订体育赞助销售方案、制订门票销售方案、制订特许经营权销售方案等。

不管是商业赞助、特许经营、门票,还是电视转播权,都会牵扯到价格因素;不管是体育赛事运作管理机构,还是市场开发的对象,都对价格十分关注。如果定价过高,可能会导致无人问津;如果定价过低,则会对赛事收益造成影响。

6. 实施方案

在体育赛事市场开发体系中,实施方案就是指在对体育赛事市场开发的总体规则与规定严格加以遵守的前提下,以已制订的市场开发方案为依据,对市场开发工作进行有计划、有步骤的开

---

[1] 刘清早.体育赛事运作管理[M].北京:人民体育出版社,2006.

展。这个阶段在体育赛事整个市场开发过程中耗时最长、耗费的资金最多、投入的人力最大,因此市场开发所能获得的赛事收入会直接受到这一环节的影响。

能否成功实施方案,需要从以下两个方面进行衡量。

一是体育赛事市场开发的收入,这是对市场开发工作质量进行衡量的硬指标。比如,一些体育赛事虽然很风光,声势浩大,然而其市场开发过程中却出现了赤字现象,或者即使有盈余,也远远少于前期营销投入时的预期,因此这一体育赛事的市场开发并不能算作是成功。

二是体育赛事市场的开发对象是否感到满意,购票观众、赞助商、对电视转播权进行购买的媒体机构等是常见的开发对象,赛事市场开发收入主要来源于这些开发对象,体育赛事中也将这些开发对象当作是重要的客户,倘若这些客户感到不满意,那么就意味着他们支付的价格未能通过赛事给予他们的价值得到补偿,这时就可能会有法律纠纷的现象出现。

7. 总结评估

总结评估工作主要包括以下几个方面的内容。

(1) 建立市场开发专项档案

体育赛事市场开发公司或市场开发部门需要对有关市场开发工作的一切资料进行收集与整理,这不仅是为了开展档案保密工作,也是为了给下届体育赛事的举办提供参考与借鉴。

(2) 撰写市场开发总结评估报告

对市场开发总结评估报告进行撰写就是全面而系统地总结赛事市场开发工作的总体计划、方案、执行情况、人员配置、经费管理、后勤保障等各方面情况,从中汲取经验,总结教训。

(3) 举行市场开发工作答谢活动

举行答谢活动就是以真挚的感情来感谢体育赛事的赞助商、媒体机构、捐赠单位、特许经营商及相关人员等,表达感谢的方式可以是开酒会,举行表演、赠送锦旗、匾额或纪念品等,用最高行政官的签名也可以表达感激之情。

（4）表彰与奖励市场开发工作人员

表彰体育赛事市场开发工作中具有优异表现的先进分子及工作人员，对他们的辛勤劳动表示感谢与鼓励。

二、体育赛事市场营销基本理论

（一）市场营销与体育赛事市场营销的概念

1. 市场营销的概念

市场营销是指个人和群体通过创造和交换产品及价值，以使自身需求和欲望得以满足的一种社会过程和管理过程。

2. 体育赛事市场营销的概念

体育赛事市场营销是指以体育赛事及其相关产品和服务为载体，追求使体育赛事相关利益个人或群体的需求或欲望得以满足的目标的运作管理过程。

可以从广义与狭义两个角度来分析体育赛事市场营销的内涵。

广义上来看，体育赛事市场营销主体可以是所有与体育赛事有利益关系的个人或群体，这些主体对各种营销手段与方式主动加以运用，希望通过举办体育赛事使自己的需求得以满足，也就是体育赛事服务于其需求。营销主体可以是申办体育赛事的当地政府，而营销城市和政府，促进城市知名度的提高等是其申办赛事的主要目的；体育赛事营销主体也可以是参与体育赛事的运动员，提高竞技水平，为个人与集体争光是其参与赛事的主要目的。西方发达国家体育赛事市场完全在进行市场化运作，运动员及其经纪公司会仔细选择运动员参与的体育赛事，以最大限度地促进运动员知名度与竞技能力的提高；体育赛事市场营销主体也可以是赞助与支持体育赛事的企业，其赞助与支持的目的主要是建立与消费者的沟通渠道，对更多的企业信息进行传递，促进产品销量的增加,促进企业知名度的提高。

狭义上来看,对体育赛事有经营决策权的个人或群体才能成为体育赛事市场营销主体。也就是只有体育赛事的运作管理机构才能是营销主体。

(二)体育赛事市场营销内容

本章是从狭义的角度来阐述体育赛事市场营销的,也就是以体育赛事运作管理机构为视角,研究在不断变化的内外环境中,怎样以体育赛事为载体,通过满足赛事相关利益个人与群体的需求,从而确保体育赛事的经济及社会效益得以实现。从这一角度出发,体育赛事市场营销主要内容包括如下几方面。

(1)向运动员介绍赛事,吸引与鼓励运动员参与赛事。
(2)争取政府对赛事的支持。
(3)寻求赛事举办的赞助企业及其他团体与个人。
(4)吸引新闻媒体对体育赛事进行报道。
(5)吸引观众观看比赛,或吸引观众观看媒体对赛事的报道。
(6)寻找可以为赛事提供高效且专业化产品和服务的供应商等。

(三)体育赛事市场营销对象

从上述体育赛事营销的主要内容中可以了解到,体育赛事市场营销对象主要有运动员、政府、赞助商、媒体、观众和供应商。

1. 运动员

运动员是体育赛事的主体,其在赛场上的表现能够给人带来视觉上的刺激和良好的心理体验。因此,运动员可以说是体育赛事营销的主要对象之一,高水平与知名度高的运动员参赛可以使赛事的档次和水平得到提高,从而能够吸引外界的关注。例如,每四年举行一届的奥运会深深吸引着全世界的体育迷,甚至平时不关注体育运动的人也会在奥运会举办期间观看世界体育明星在赛场上的风采。因此,加强运动员的营销对于体育赛事市场的发展非常重要。

2. 政府

政府在体育赛事开展的过程中也扮演着非常重要的角色,因此体育赛事开发者要充分利用好政府的功能,制订详尽的赛事资源开发计划。体育赛事管理机构为了争取政府的大力支持,需要将通过赛事的举办可以为举办地带来的利益这一重要的信息向政府宣传,扩大知名度、提升美誉度、获取综合性社会效益等都是赛事可以为举办地带来的利益表现。吸引政府关注,获取政府支持与协助是宣传信息最终要达到的目的。政府支持下的体育赛事能够吸引更多的运动员参与,也能够吸引更多的观众观看赛事,进而促进体育赛事价值的提升。

3. 赞助商

体育赛事营销中,赞助商是必不可少的一个部分,选择合适的赞助商,与赞助商进行谈判是体育赛事市场开发的重要环节。体育赛事营销的一个重要目标就是在于吸引不同层次的赞助企业来支持体育赛事,赛事运动管理者机构是否可以筹集足够的资金举办赛事,是否可以创造更大的赛事经济效益,关键就在于能否吸引赞助商。赛事运动管理者机构要详细策划相应的方案,对企业与赛事的契合点进行探求,促进赛事运作管理机构与赞助企业双赢目标的实现。

4. 媒体

体育赛事的宣传与推广离不开媒体。因此,赛事运动管理机构要加强与体育媒体的通力合作,建立一个合作共赢的关系。一般大型体育赛事在成立筹委会时,距离赛事开展还有一周年时都会对新闻发布会进行召开,这时就要将邀请函发给重要的媒体,将赛事的特点与"亮点"介绍给媒体。赛事的组织者对合作媒体的选择可以依据赛事开展的具体情况来进行。

5. 观众

观众不仅指现场观众,也指观看电视等媒体直播的观众。体育赛事运作管理机构对赛事的宣传可以通过邮寄宣传品、媒体、互联网等进行,以此来促进赛事受众群体的扩大,而且还需要对不同层次与价格的门票进行设置,以使不同消费群体的观赛需求能够得到满足。

6. 供应商

体育赛事设计内容众多且非常复杂,因此仅仅依靠体育赛事运作管理机构的力量是难以实现赛事运作目标的,还需要一些专业化的服务公司加以支持。例如,在设计开幕式、市场推广、安排旅游、食宿等方面都需要由专门的公司来协助。这些专业公司的支持不仅可以使赛事运作管理机构的压力得以缓解,而且也可以对当地的资源进行充分利用,促进赛事质量的提高。所以,赛事营销的对象中这些专业化的公司也是非常关键的一个。

第二节 体育赛事市场的开发

一、销售体育赛事门票

体育赛事能否成功运作的一个关键因素就在于能否吸引大量的现场观众,并且使他们支付相应的资金,而销售比赛门票就是获取收入的重要途径。因此,作为赛事开发者而言,一定要制定好合理的销售策略。

(一)体育赛事门票销售策略

一般来说,体育赛事门票销售策略主要包括以下几种。

1. 门票分类策略

一般情况下,主要采用以下分类方法。

(1)以比赛场次为依据,可以将门票分为两类,即单场票和套票。

(2)以座位不同区域与位置为依据,可以将门票划分为贵宾票、包厢票和普通票。贵宾票的座位一般与赛场中心靠近,有开阔的视野,没有视线障碍;包厢票一般是机构使用的专属门票,座位有相对独立分隔空间;普通票的座位相对靠后,离赛场重心较远,位置比较偏。这三种票又可以划分为不同等级。

(3)以门票是否要求对号入座为依据,可以将门票划分为编号式门票和开放式门票两种。持编号式门票的观众必须按票面上座位号对号入座。持开放式门票的观众无须对号入座,先入场者先选择座位。

体育比赛门票的分类可以在一定程度上反映出不同门票本身所具有特征,不同的门票可以满足不同的市场需求,可以将自身的不同价值体现出来。门票价格的制定要以对其的分类为依据进行。

2. 销售网点策略

体育赛事门票的销售网点策略是指计划与设置门票销售网点数量、类型及分布区域。其他变量不变,门票销售网点的数量与门票销售成本之间是正相关的,也就是门票销售网点数量增加,门票销售成本也会相应增加。所以,很有必要来评估门票销售网点所需数量。每个门票销售网点都需要对不同价位的门票进行销售,以使社会不同公众的需要得到满足,但也要对不同销售网点的具体情况进行考虑,灵活销售。赛事举办的场馆是常见的门票销售点,但门票销售点并非局限于场馆,销售网点可以设立在能有效接触到潜在购买者的所有地方,如社区、音像店、写字楼、超市、大型商场、学校等,这些销售网点不仅可以销售门票。也可以宣传与推广体育赛事。

3. 销售时间策略

体育赛事门票的销售策略指的是统筹规划门票销售时间,包括一系列的工作,如从什么时间开始预订、售票时间为何时、售票结束时间是何时等。对门票销售的时间进行统筹规划需要对相关要素进行综合考虑,如门票的销售成本、市场竞争情况、观众的心理变化等。如果门票销售时间定得过早,难以获得好的效果,这主要是取决于市场对体育赛事的需求,通常比赛时间越临近,市场需求越大。换言之,人们关注与观看赛事的需求与欲望是随着比赛时间的临近而不断增强的,售票的时间一定要把握好,不能过早或过晚,否则就实现不了既定的销售目标。

4. 门票定价策略

对门票的分类、门票销售时间策略的制定都会影响对体育赛事门票的定价,门票价格体系的建立需要以门票的类别、销售时间为依据进行。与一般的零售票相比,套票、团体票比较便宜;预订门票也会有优惠,相对比较便宜。

以门票类别、销售时间及其他标准为依据来制定不同的门票价格对门票价值的充分体现是十分有利的,不同价格的门票可以吸引不同消费层次的购买者。需要注意的是,不要过于复杂地设计门票价格分级,否则会增加门票销售管理的成本和难度,这样反而会适得其反,达不到应有的销售效果。

(二)体育赛事门票销售渠道

1. 常见体育赛事门票销售渠道与方式

目前,常用的体育赛事门票销售渠道主要有体育赛事运作管理机构直接销售门票,赛事运作管理机构委托专业票务管理公司全权代理销售门票,及以上二者的结合等三种。赛事管理人员要根据实际情况合理选择。

2. 体育赛事门票销售方式的利与弊

（1）采用体育赛事运作管理机构对门票进行直接销售的方式，没有代理成本，控制起来比较容易且方便，但单一而薄弱的体育赛事运作管理机构会影响对赛事门票的销售。

（2）采用全权委托专业票务管理公司代理门票销售的方式，可以通过它们的专业技术和经验获得良好的销售效果，但有代理成本，不容易控制代理公司的行为，有较大的风险。

（3）将体育赛事运作管理机构直接销售门票和委托专业票务管理公司全权代理销售门票两种方式的结合看起来比较合理，然而倘若无法准确运用这一方式，不但二者之间的协同合作不会实现，而且还可能造成二者的冲突，对赛事门票价格造成冲击，使赛事形象受损。

3. 采用合理的体育赛事门票销售方式

以上三种门票销售渠道各有利弊，体育赛事组织管理人员要结合赛事的特点以及自身的能力合理选择。倘若举办的体育赛事是本地周期性的常规赛事，观众基础比较稳定，那么比较适宜的门票销售方式就是体育赛事运作管理机构直接销售和委托赛事举办的场馆售票点进行销售。

对于大型体育赛事而言，一般情况下，门票销售数量多，销售对象范围广，那么单凭赛事运作管理机构的力量难以建立高效、完善的门票销售管理系统，这时就需要委托专业票务管理公司承担部分门票销售。

（三）体育赛事门票销售登记管理

门票销售登记管理是指登记与管理购票者的身份、联系方式及所购门票价格等信息。一般的体育赛事在门票销售过程中并不会开展登记管理的工作。高规格、高票价或者大规模、高风险的大型体育赛事中通常都会设立门票销售登记管理制度。

1. 为门票退换做准备

一般情况下,一旦售出体育赛事门票,就不允许退换,或者严格限制退换的条件,但有时为了促进服务质量的提高,对赛事运作管理机构的形象进行维护,也会以购票者需求为依据来提供退换票服务。建立登记制度对处理退换票中出现的假票、伪票的风险十分有利,对了解购买者退换票的具体原因也有帮助,从而对相关问题进行有针对性的解决。除此之外,在销售团体票或其他打折票时,因为一般票面的折扣价格不明确,倘若没有对相关信息进行登记,如果有购买者要退票,就有可能和销售方发生一些争执。因此,赛事管理机构一定要做好相关准备,以避免这一情况的发生,或者在相关事件发生时及时采取合理的应对策略。

2. 为赛事市场开发提供信息

对门票购买者的信息进行记载、统计和分析,不但能够提高对观众的服务质量,促进观众满意度的增加,而且对了解赛事观看者的人口特征和消费偏好也特别有利,进而有利于争取商业赞助,销售电视转播权。同时,建立门票销售登记制度也有利于为下一次举办相关赛事时制定门票销售策略提供一定的依据。

3. 为赛事现场安全保障服务

详细登记购票者的身份信息有利于有效管理比赛现场观众,促进赛事安全风险的降低。安全事故一旦发生,就能够从购票者信息中查找相关证据,提高事故处理效率。

二、争取体育赛事商业赞助

体育赛事商业赞助指的是企业从人力、物力、财力等方面支持体育赛事,以体育赛事及相关活动为传播载体,有效沟通公众,以达到各自目标为目的的一种市场行为。[1]

---

[1] 刘清早.体育赛事运作管理[M].北京:人民体育出版社,2006.

（一）设计体育赛事商业赞助策划方案

1. 设计策划方案应确定基调

在设计体育赛事赞助方案时，要对赛事相关活动进行必要的定位，使媒体、企业及其他受众在理念上对其有一个大概的认知。在形式上，要具体通过风格、色彩及排版得以体现；在内容上，具体从策划方案的语言和逻辑中体现出来。

2. 设计策划方案应有亮点

一个出色的策划方案应有必要的亮点，因此在设计体育赞助策划方案时要将重点问题作为本方案的高潮和精彩激昂的部分，这样才能够突出这一方案的煽动性。在编排时，我们要将亮点重点突出，采用图文并茂的方式使之形象、生动，以增加对企业的吸引力。

体育赛事策划方案涉及经济、体育、传播、文化等各方面的知识，因此设计者要在实践中不断丰富自己的知识，开拓自己的视野，积累经验，总结技巧，在实践中不断提高自己的设计能力，这样才能设计出出色的体育赛事赞助方案。

（二）掌握体育赛事商业赞助谈判策略

1. 谈判场地的选择与布置

（1）谈判地点的选择

一般来说，谈判场地的选择主要包括两个方面，即谈判地点和谈判会场。谈判地点通常是己方、对方或第三方，不管是哪一方，在选择时需要遵循的基本原则就是交通方便、环境优美、安静、安全等。

（2）谈判会场的选择与布置

在选择谈判会场时，应以谈判时间的长短、谈判人员的数量以及谈判内容的保密程度为依据来进行，办公室、会议室、酒店商务套间、会客室等都可以作为谈判会场,会场应该具备电脑、投影仪、打印机等必要的谈判设备。布置会场主要就是安排座次和环境。

在安排座次时,如果会场中的谈判桌是长形或方形,通常谈判双方面对面入座,中间位置留给主谈者,主谈者两侧是其他谈判人员;倘若会场中的谈判桌是圆形,通常双方主谈者在圆桌直径两端面对而坐,主谈者两侧仍是其他谈判人员。对环境的安排通常就是保证会场光线、温度适宜,会场气氛良好,装饰大方等。

2. 谈判人员的配备与分工

(1) 谈判人员数量的配备

配备多少谈判人员、配备哪些谈判人员是体育赛事商业赞助谈判人员配备与分工策略的主要问题。一般来说,应该以谈判的地点、时间、内容、赛事特征、人员素质以及对方谈判人数等为依据来对体育赛事商业赞助谈判人员的数量进行确定。通常来说,主要包括以下几种情况。

第一,倘若将谈判地点安排在对方时,可适当增加谈判人数;倘若谈判地点是赛事运作管理机构,则可安排相对较少的谈判人数。

第二,如果对方谈判人员数量较多时,赛事运作管理机构也要安排几乎对等的谈判人员。

第三,如果谈判人员素质高,有丰富的谈判经验,那么安排少量的人员即可,反之多安排一些人员。

第四,如果谈判的是高规格和大规模项目,应使谈判人员数量适当增加。

(2) 谈判人员专业的配备

在体育赛事商业赞助谈判人员配备的组成方面有以下几个要点。

第一,一般来说,体育赛事商业赞助谈判必须配备三类人员:体育赛事运作管理机构内部具有一定身份的负责人、了解赛事竞赛组织的人员、在赛事商业赞助方面实践经验丰富的人员。

第二，在配备以上三种人员的基础上，如果涉及具体合同条款谈判时，还应配备对体育赛事商业赞助较为熟悉的专业律师。

第三，在配备以上三种人员的基础上，如果与外资企业进行谈判，还应该配备相应的翻译人员。

第四，在对谈判人员进行配备时，要考虑组成结构，不但要对相关人员的业务专长进行考虑，还要对不同人员性格上的互补加以关注，使不同的人员都能够将自己的优势发挥出来，此外还要了解对方谈判人员的性格，从而对本方谈判人员进行有针对性的配备，以促进良好谈判效果的取得。

（3）谈判人员的分工

配备人员时不仅要考虑相关人员的业务专长，还要考虑谈判角色的分工问题。"主谈者""调和者""协从者""记录者"等是基本的谈判角色。这些角色并非固定，在谈判过程中会根据实际情况调换角色。

（4）对谈判人员的相关要求

配备好相关的谈判人员后，要使全体人员对谈判的主题、内容和策略尽快进行了解，并组织人员进行讨论，收集各方意见或建议，共同商榷对谈判方案进行修改，使谈判口径、步调及意见能够统一。

3. 谈判议程的安排

谈判议程的安排并非只是安排时间与地点，作为赛事组织者要合理把握谈判的节奏与进度，对谈判双方的情绪与心理有着很重要的影响。如果谈判者有经验，就懂得如何谨慎运用谈判议程安排这一工具来获取主动有利地位。

体育赛事运作管理机构应该对谈判议程安排的主动权进行争取。对谈判议程进行拟定时，应全面考虑谈判时间、地点、人员、内容等因素，一方面保证合理系统地安排议程，以使目标对象能够容易理解和接受；另一方面对议程的安排要尽量确保赛事运作管理机构处于有利位置。例如,在与目标对象展开首轮谈判时,对方办公场所是比较适宜的谈判地点,这方面我们对对方的实际情况有一个直观的了解,也有利于将我们的诚意表达出来,获取对方的信任,使进一步深入谈判的可能性得以增加。倘若是由对方共同对谈判议程进行拟定,体育赛事运作管理机构需要对该议程的利弊因素进行全面考虑,对对方公平合理的安排表示尊重,如果对方安排不合理,就需要将自己的意见明确提出,有针对性地进行修改。

安排体育赛事商业赞助谈判时间,主要就是对各议题谈判占用的时间以及先后顺序进行合理分配。这种安排不但要考虑在计划时间内是否可以将谈判程序完成,更要对怎样取得最好的谈判效果进行考虑。

体育赛事商业赞助的谈判议程并不是一成不变的,不是机械的,可以以谈判的实际情况为依据来对其进行及时改变,同时也需要对各种不确定因素进行考虑,将机动应变的时间预留出来。

4. 谈判价格的调整

谈判价格的调整无非就是调低价格和调高价格两种。一般来说,价格调高的情况很少见,但有时也会发生。如在谈判过程中,其他企业对赛事很感兴趣,有意向投资赞助,这时提高谈判价格就极有可能。此外,增加谈判对象权益也可能提高谈判价格。将价格调低的情况很多,为了给予目标对象一定的优惠,力求尽快达成赞助协议,就很有可能调低价格。

不论如何,赛事管理人员在进行价格谈判时一定要谨慎,要结合具体实际合理操作。因为如果将价格调高可能会使双方之间的信任关系遭到破坏,而将价格调低也可能会使目标对象质疑赛事的商业价格,或者认为继续降价的空间还很大,因此就会使谈判时间延长,这时赛事运作管理机构就会处于不利的被动地位。因此,在体育赛事商业赞助的谈判中,调整价格时要注意将时机和分寸把握好,不管是调高还是降低,都要为目标对象提供合理且充足的理由。另外,还要严格控制价格的调整幅度,不可过大或过小,否则都难以取得理想的效果。

(三)签订体育赛事商业赞助合同

1. 赛事商业赞助合同概述

体育赛事商业赞助合同的签订,标志着体育赛事运作管理机构与赞助赛事的企业双方从法律意义上确立了彼此的权利和义务,赛事商业赞助回报执行工作必须严格按照赞助合同中的条款来进行。因此,签订赛事商业赞助合同是赛事商业赞助回报执行工作从书面内容向实际行动过渡的重要环节,是商业赞助谈判工作的结点,是商业赞助回报执行工作的起点。

体育赛事商业赞助合同首先要符合我国法律、行政法规,尤其要注意遵循与体育赛事商业赞助合同签订紧密相关的《中华人民共和国体育法》《中华人民共和国合同法》《中华人民共和国民法通则》《中华人民共和国广告法》《中华人民共和国著作权法》《中华人民共和国商标法》《中华人民共和国专利法》《特殊标志管理条例》等法规、条例。此外,赞助合同也要符合赛事的统一规定及规则。其次,在签订体育赛事商业赞助合同前,赛事运作管理机构需对合同的内容及条款仔细研究,反复考虑,结合现实资源和人力资源情况,从可行性上进行认真分析,以免给合同签订后的商业赞助回报执行工作带来不必要的麻烦,增加执行难度,甚至带来执行风险。

2. 赛事商业赞助合同主要条款

(1)双方名称和地址

赞助合同应写明合同签订双方单位的名称、法定地址及法定代表人姓名。

(2)赞助事项及内容

赞助事项主要包括赞助现金的具体金额、货币单位、付款时间、付款账号、发票要求;如果是物资,则要求写明具体产品名

第六章 体育赛事市场的开发与营销研究

称、型号、数量、计价方式、交送时间与地点、运输费用由何方支付等;如果是服务,则要求写明服务的提供日期、服务标准、服务人员的数量、服务计价标准等。

（3）双方权利与义务

在赞助合同中,一方有权利,另一方必有义务,反之亦然。因此,赞助合同的双方都是权利主体,同时也是义务主体,并且双方的权利和义务应该是对等的。体育赛事运作管理机构签订赞助合同的主要目的是从企业处获得现金、产品或者服务,而其义务则主要是向企业提供回报权益并保证权益的实现。而对于签订赞助合同的企业而言,向体育赛事运作管理机构按时按量交付现金、产品或者服务是它最主要的义务,而其权利则主要是享受赛事相关的回报权益。在体育赛事商业赞助合同的实际拟定中,赞助企业所享受的回报权益通常作为单独一部分进行表述,这是因为回报权益条款在合同中通常占据最大篇幅,内容也相对独立,单独表述更为明确和清晰。

（4）陈述与保证

陈述与保证是对双方签订合同的资格、意图的申明。比如,体育赛事运作管理机构保证己方为该赛事名称、会徽、吉祥物标志的所有权人。

（5）保密责任

对于体育赛事运作管理机构而言,商业赞助谈判项目通常并非独此一项,如果合同信息的披露很可能会影响日后其他赞助谈判工作的效果;对于赞助企业而言,出于各种原因也可能不愿公布赞助赛事的细节。因此,双方可以就保密责任达成一致。如双方可以达成保密条款,对本合同内容、赞助方案、促销资料、活动方案、活动预算书等予以保密,规定未经对方书面同意,不得向任何第三方披露。

（6）合同期限

合同的有效期限一般是自签署生效之日起,至赞助项目完全执行完毕后自动终止,或者是双方约定的某个日期时终止。

（7）合同转让

合同转让条款是对双方是否可以或者在何种情况下可以将合同中的权利与义务向第三方转让的规定。

（8）合同修订与补充

合同修订与补充条款是对赞助合同修订与补充的方式及生效进行规定。

（9）违约责任

违约责任是对赞助合同方不履行合同或者不完全履行合同时所必须承担的义务的规定，这是约束双方行为的重要条款，必须订得具体明确，至少应包括违约情况下应承担的法律、经济责任，以及对违约金、损害赔偿、强制履行等的规定。

（10）不可抗力

不可抗力是指合同主体无法控制的某类事件的发生，使得某些合同条款无法执行时，任何一方都将免于承担由此给对方造成的损失而需承担的责任。需要对不可抗力进行明确规定，因为双方可能对不可抗力的理解有分歧，比如体育赛事运作管理机构认为政府干预是不可抗力，赞助企业可能并不同意此种看法。

（11）争议和仲裁

争议和仲裁条款是对执行赞助合同过程中，发生争议时的解决方式及程序的规定，如因本合同的签订和履行本合同及与本合同有关的一切争议，双方应尽量协商解决。如协商不成，双方同意任何一方可向仲裁机关提出仲裁申请，并按其规则进行仲裁，该仲裁裁决为终局性。

（12）通知

通知条款是对执行赞助合同过程中双方信息传达方式和信息获得确认方式的规定。比如，合同中可能规定一方给另一方的通知须以书面形式通过邮寄、传真或快递送达，那么电子邮件形式的信息传递就不视为双方正式的信息沟通方式。此条款的主要作用在于规避双方沟通延误或者歧义所带来的风险。

第六章　体育赛事市场的开发与营销研究

（13）生效

一般为双方法定代表人或者授权代表签字盖章后生效。

（14）适用法律

如果双方都属于境内机构，则赞助合同受中华人民共和国法律管辖并按其解释。如果赞助商为境外机构，赛事运作管理机构应要求赞助合同适用法律为中国法律，避免法律上的风险。

（15）法人或授权代表签章

赞助合同应由体育赛事运作管理机构及赞助企业双方的法人代表签署，如果由授权代表签字，则需提供法人签字的授权书。注意不要遗漏签署日期。

以上内容都是关于体育赛事商业赞助合同的一般条款，在实际操作中，体育赛事组织人员应根据赞助项目的具体情况及双方洽谈、谈判的结果进行适当的增减。

（四）执行体育赛事商业赞助回报

做好体育赛事商业赞助回报执行工作，最重要的一点就是要正确、合理地确立赛事商业赞助回报执行中的管理程序和规范。

1. 体育赛事赞助回报执行工作程序

（1）制订回报执行工作计划

负责赞助回报执行工作的人员要注意仔细阅读赛事商业赞助合同，根据合同条款列出赞助回报的内容。如果在回报执行中遗漏了合同规定的企业赞助回报任何一个环节，不仅会破坏体育赛事运作管理机构的专业与诚信形象，而且还会构成赛事运作管理机构的违约行为，甚至承担法律、经济责任。

总的来说，制订回报执行工作计划表主要有两个好处：一是通过按时间顺序和逻辑顺序列出回报执行工作的各个环节，有利于使执行者直观了解什么时间、由谁做什么事，避免混淆执行的先后顺序及人员的职责分工，便于工作井然有序的开展；二是能让赞助企业预先知道回报执行工作将如何进行，给企业留下一个细心周到、专业诚信的服务形象,也便于赞助企业提供支持与配合。

（2）配备人员,组成回报执行工作组

体育赛事管理人员在选择赛事回报执行小组人员时,应该按照"让专业的人做专业的事"的原则,抽调工作经验丰富、业务熟练的人员。如果有些工作找不到合适的人员,应该考虑雇用其他专业公司或单位来参与赛事赞助回报执行工作。

（3）制订个人工作清单,实施项目组长负责制

制订个人工作清单是一项重要而复杂的工作,通过这一环节能将各项工作明确地落实到每个人的身上,并且规定每个人所属任务的完成时间和进度,从而做到分工明晰、要求细致,也使执行人员有一定的紧迫感,能够更快更好地完成执行工作。工作清单实际上是将工作计划进一步细化至个人,主要内容项目一般包括序号、工作事项、工作说明或要求、完成时间、完成情况。

（4）工作实施

在具体工作实施阶段要注意:首先是回报执行工作人员之间要相互协助和沟通,共同合作完成任务;其次是在回报执行工作实施过程中要保证信息传播的通畅,便于上下级共同协作来处理各种突发事件;再次是要定期向赞助企业报告回报工作的实施进程,并就一些实施情况进行交流,有利于工作更好地完成（比较简单而有效的方法是:赛事运作管理机构明确一人作为联络人,赞助企业或者其代理机构各自明确联络代表并组成工作小组,以便于协调与执行）;最后,赛事管理人员还要保持与媒体、政府的良好关系,加强彼此间的沟通与交流,从而确保体育赛事赞助工作的顺利开展。

（5）反馈与监督

反馈与监督工作也是非常重要的。在执行体育赛事赞助的过程中,要建立一个行之有效的监督体系,确保每一名员工以积极的心态投入到工作之中。赛事回报执行小组的管理层要对应每个执行人员的工作清单来定期检查工作进度。这样有利于小

组的指挥核心了解工作的现行进度,以便根据各种情况统筹全局,调整工作进度与目标。执行小组可以通过定期召开工作例会的方式来及时了解反馈回来的检查结果,再根据发现的各种问题进行讨论,集思广益,找出解决办法,确保体育赛事赞助回报工作的顺利开展。

(6)提交回报执行报告

赛事结束后,将涉及回报执行工作的相关资料归纳整理,装订成册,并制作出专门的报告,交给赞助企业。这是履行回报执行的一项重要工作,让赞助企业全面体验赞助赛事的成果与效益,做到善始善终。

(7)评估总结

评估和总结是回报执行工作实施阶段的最后一个环节。执行小组要对执行工作的实施情况进行评估,可以从资源利用率、成本控制、企业满意度等方面评估,做出评估报告。然后执行小组召开最后的执行工作总结会议,结合评估报告来总结执行工作实施过程中的经验和教训,奖罚兑现,最后形成总结报告。

2.体育赛事赞助回报执行管理规范

管理规范是指管理的制度化、标准化和规范化。体育赛事的回报执行有一定的管理规范,要求在一个完整的工作执行体系中,以科学的"人性理论"为基础,通过确立严格的管理规章制度和正确的价值观念体系,对回报执行工作人员的意志行为选择进行引导,最终实现赛事回报执行目标。

(1)外部管理规范

外部管理规范是指赛事回报执行单位的外部环境对于管理规范的一般性要求,具有一定的普遍性。这突出体现在以下几个方面。

①遵守国家法律法规。无论管理的方式如何,都必须要在国家法律法规规定的范围内进行操作和执行。这一点是原则性的管理规范要求。例如,在签订合同时要遵守《合同法》,在对员工

进行绩效评估时要遵守《劳动法》。

②遵循"人性定理"。人是赛事管理活动中的核心要素,一切工作都是围绕人来开展的,因此,要遵循"人性定理",以人为本,加强人的管理。"人性定理"即"任何一个健康的人的任何一个行为,都是服务于他自己的目的的"。因此,在体育赛事回报执行的管理中要为回报执行过程中所有利益关联主体的利益着想,而不单单是以自身赚钱赢利为目的。同时,还要注意在管理过程中完整地承认实施执行工作的所有被管理者的主体地位,充分尊重人的价值,使他们以更加饱满的精神和积极的心态投入到工作之中。

(2)内部管理规范

内部管理规范是指体育赛事赞助回报执行工作的组织根据其内部的具体情况所实行的一系列适宜的管理措施。

①目标正确。在实施赛事赞助回报执行工作之前,首先就要明确管理的目标。其中管理目的、管理状态、管理标准、管理效果等都是非常重要的内容,一定要结合具体的实际综合分析,确定好各项目标。

②职能相称。职能相称的含义分为两层。一层是指实施赛事赞助回报执行工作的组织,其职能分工要与组织目标相称,即依据组织目标确定组织职能和机构设置,确保组织机构职责明确。另一层是指实施赛事赞助回报执行工作的组织,其人员素质要与所属职位相称,即依据岗位职责确定人员素质条件。职能相称是实现组织目标的基础,做不到这一点,一切愿望都是空想,因此必须非常重视。

③资源保障。体育赛事回报执行的过程实质上就是各种资源优化整合的一个过程。因此在赛事回报执行的管理中要注意以充足的资源条件为保障。这其中包括人才资源的保障、财力资源的保障、物资设备资源的保障、信息资源的保障、时间空间条件的保障、环境资源的保障、人际关系资源的保障、技术手段与市场需求的保障等。

④机制合理。在体育赛事赞助工作中,要求管理者要依据管理任务制定管理制度,建立具有保证赛事回报执行效果的各项工作制度,从而做到管理行为正确、有效。合理的机制包括责权机制——明确职位责任和责任的承担原则,明确部门与个人的工作责任,明确部门与个人的工作权益;制约机制——明确制约关系、制约原则、制约措施;监督机制——明确监督责任、监督对象、监督任务、监督内容、监督途径,监督之后还要有监督,形成连锁监督;反馈机制——主要包括明确反馈的目的与意义,明确反馈的原则与方法,明确反馈的内容与形式,明确反馈结果的处理原则;激励机制——明确激励的目的与方向,明确激励的对象与方式,明确激励的手段与效果反馈。

三、开发与销售体育赛事电视转播权

简单而言,体育赛事电视转播权指的是体育赛事主办单位有权决定是否给予某一电视机构进行赛事报道的权利,以及对于被授权机构提出相应要求的权利。[①]

体育赛事电视转播权是一种知识产权,这是得到国际公认的。现代体育赛事的基本收入来源有很多,体育赛事电视转播权就是其中一个重要的来源,体育赛事电视转播权同时也是电视产业的一个核心组成部分。

一般来说,体育赛事电视转播权主要有五种开发与销售方式,即公开招标、议价购买、广告置换、一揽子计划、中介运作。

(一)公开招标

体育赛事运动管理机构或赛事主办单位采用公开招标的方式来将电视转播权出售给电视机构。市场经济发达、体育市场成熟是采取公开招标这一销售方式的前提与基础。电视机构积极

---

① 刘清早.体育赛事运作管理[M].北京:人民体育出版社,2006.

参与竞争,购买体育赛事电视转播权,主要是为了对自我形象进行展现,将自身实力证明给外界看,更重要的是为了从中赚取高额利润。然而,倘若市场机构不健全,缺乏公开、公平的竞争,或者各个电视机构之间实力悬殊,又或者体育赛事的影响力并不大,则很难通过公开招标的方式来将体育赛事电视转播权成功销售。一旦这一方式采用不成功,体育赛事的形象就会受损。因此对这一方式的运用要小心谨慎。

(二)议价购买

议价购买是指销售电视转播权的一方与购买电视转播权的一方共同协商与谈判赛事电视转播权的价格,对价格进行议定,最终达成交易的方式。目前,国内外大多数公司都在利用这种方式来销售体育赛事电视转播权。这一方式适用于小型赛事、大型赛事;也适用于单项赛事、综合性赛事。通过这一方式销售电视转播权,不但能够使销售方获取巨额利润,而且还能够以最广泛的途径与渠道来报道体育赛事,增加观众数量,从而促使体育赛事获得大范围的传播与推广,提高了赛事的影响力。

(三)广告置换

媒体之间经常采取广告置换的经营手法来销售电视转播权。广告置换指的是体育赛事运作管理机构或主办单位对电视机构转播赛事的费用不直接收取,而是通过电视机构对等价广告时段的提供来达到有偿转让电视转播权的目的。电视机构中的广告内容主要是赛事宣传和赞助商的商家广告。通常情况下,在体育赛事市场运作初期都会采用广告置换这一销售方式。

(四)一揽子计划

一揽子计划是指在对体育赛事电视转播权进行销售时,并不是销售每届的电视转播权,而是打包销售数届赛事的电视转播权。例如,美国 NBC 电视公司与国际奥委会于 1995 年签署了电视转播协议,最终以 25 亿美元将 2004 年和 2008 年夏季奥运会、2006 冬季奥运会的电视转播权买进;国际奥委会同阿拉伯国家电视于 1998 年签署合同,最终以 185 亿美元购买了 2000—2008 年奥运会的电视转播权;2005 年,我国中央电视台从中国足球协会手中将"中国之队"未来 5 年的电视转播权买断。[①] 一揽子计划的销售方式能够使体育赛事电视转播权销售的稳定性和延续性得到保障,可以使谈判成本降低,对实现电视结构与体育赛事主办单位之间的战略性合作非常有利,能够推动双方共同获益,共同发展。

(五)中介运作

体育中介经纪行业是全球体育产业发展到一定阶段的产物,从事体育赛事电视转播权代理销售的中介机构就属于中介经纪行业的范畴。在小型体育赛事的举办中,因为缺乏足够的人员,信息也比较闭塞,因此对电视转播权进行推广与销售的渠道就十分有限,这时就可以通过中介机构来运作。

对于大型赛事而言,它们财力雄厚,品牌良好,人才优秀,它们虽然有很多渠道来推广赛事,但因为电视市场广阔,利用这一渠道不但可以达到推广赛事的目的,也可以从电视转播权销售中获取良好的经济效益,因此,它们也会选择从事电视转播权销售的专业中介公司,以顺利达成获取利润与推广赛事的目的。

第三节 体育赛事市场的营销

在体育赛事建设的过程中,利用媒体对体育赛事进行宣传、搞好体育赛事的公共关系活动等都可以作为体育赛事市场营销

[①] 刘清早.体育赛事运作管理[M].北京:人民体育出版社,2006.

的有效策略。下面就展开具体的研究与分析。

一、加强体育赛事的媒体宣传

(一)建立并维护与媒体的良好关系

发展到现在,我国体育赛事市场运作管理水平正在逐步提高,已成功举办了各种类型的大型体育赛事,如奥运会、亚运会等。体育赛事运作管理机构在通过对媒体力量的运用来传播与营销赛事时,主要的工作就是要与媒体建立良好的关系,并维护这种关系。这一工作的顺利开展需要从时间、时机、载体、服务四个关键因素入手。

1. 时间

要想保证体育赛事活动的顺利进行,体育赛事管理机构或主办单位需要与媒体建立良好的关系,在确立关系时需要一定的时间,也就是说体育赛事管理机构需要花费一定的时间与媒体建立关系,维护关系。实际上,这一时间数量是一个变量,会受到赛事、媒体、主办单位等众多相关因素的影响。然而,可以肯定的是,管理者或管理机构很有必要花费一定的时间来结识媒体人员,与之建立良好的关系,并通过一些时间来维护关系。

全国运动会这样的大型体育赛事是由政府主办的,报道各代表团赛事情况是许多媒体记者的准官方任务,但即便如此,赛事运作管理者仍然要主动结识各媒体,与其保持良好的关系。因为这一关系的建立,能够使媒体去积极、主动、正面地报道与宣传赛事,如果赛事中有突发事件出现,管理者也比较容易与媒体沟通。对于商业赛事而言,与媒体建立良好的个人关系更应该是赛事运作管理机构做的重要工作。因为只有建立了良好的关系,可能在比赛开展时成功邀请到重要的核心媒体,促进赛事的曝光度,提高对赛事的传播与推广,从而吸引观众。

综上所述,不管赛事运作机构是哪种性质,不管是举办何种体育赛事,管理者都有必要利用一部分时间与目标媒体建立关系。需要注意的是,与目标媒体建立关系不仅仅是在赛事开始前需要做的工作,在赛事运作全过程中,都要花费一定的时间来维护。

2. 时机

建立与维护与媒体的良好关系中,体育赛事运动管理机构也要考虑时机因素。这里的时机包括两方面的内涵,一方面是指体育赛事运作管理机构应该选择最恰当的时间来联系媒体,与之建立良好的个人关系,并加以维护;另一方面指的是赛事举办的整个过程中,对所举行的各种活动的实际时机进行确定时,应该对媒体需求进行考虑,使媒体将赛事报道工作顺利进行。

召开新闻发布会是体育赛事举办中的惯例,但是利用这种方式所获得的媒体宣传效果并不理想,因为新闻发布会上的一些信息本来是媒体记者通过新闻稿件就可以获取的,所以可能不愿意花费太多的时间来做无谓的工作。虽然不同的体育赛事运动管理者会对赛事新闻发布会的举行时间有不同的意见和看法,但具体时机的确定都要根据媒体的需求进行考虑。

3. 载体

载体是体育赛事运作管理机构与媒体之间沟通与交流的中介。载体不仅包括赛事运动管理机构向媒体记者提供的赛事宣传素材,也包括面向媒体记者举行的新闻发布会、记者见面会等相关活动。因为尽管体育赛事运作管理机构与媒体之间建立了良好的关系,甚至与电台、电视台、网站或者报纸签约成为互相承担责任义务的合作伙伴,媒体的根本需求也仍然是重要的赛事信息,仍然具有巨大的新闻价值及宣传价值,而只有选择适宜的载体,赛事运作管理机构与媒体之间的正式信息沟通才能顺利实现。

4. 服务

在体育赛事管理中,接待媒体人员的服务工作必须要做到位,这有利于建立与维护与媒体之间的良好关系。体育赛事聚集了顶尖的运动员,也聚集了许多知名的媒体记者。一般将参与体育赛事报道的媒体记者分为两类,一类是体育赛事运作管理机构邀请来的媒体,一类是未接到邀请,主动申请而来的媒体,在支付费用上,这两类媒体是有区别的。但不管是邀请来的媒体,还是主动申请而来的媒体,赛事运作管理者都要将高质量的服务提供给媒体。

(二)制作并提供赛事媒体宣传素材

1.体育赛事媒体宣传素材的内容

(1)赛事基本资料

赛事基本资料就是介绍赛事基本情况的资料。资料中的信息主要有赛事的发展历史、赛事的主要领导、赛事的组织机构、赛事项目的设置、赛事的名人轶事、赛事场馆的分布、赛事的志愿者数量、赛事的商业合作伙伴、赛事的主转播商、赛事日程安排等。资料中赛事的基本信息一定要准确、真实、丰富,在广度与深度上达到一定的标准,以使赛事能够引起媒体记者的关注,同时基本信息的完善也有利于媒体可以通过不同角度对赛事进行不同层次的报道。

(2)赛事竞赛资料

赛事竞赛资料是指赛事竞赛组织及进行情况,这部分内容在体育赛事媒体宣传素材中最关键,是所有内容中的核心部门。这部分内容中主要包括的信息有赛事的竞赛日程安排,竞赛抽签分组安排,运动队的具体情况,比赛规则,运动员、教练员、裁判员的基本信息,比赛得分情况,最终比赛结果,奖牌数量与排行,比赛奖励与惩罚情况等。这部分素材信息不是固定的,很快就有变动,包括很大的信息量,具有较强的时效性,而且严格要求及时、真实、准确,这部分内容对媒体宣传报道的速度与质量有着非常大的影响。

第六章　体育赛事市场的开发与营销研究

（3）赛事相关活动资料

大型的体育运动会，并不仅仅只有体育赛事，还有各种相关的庆典或娱乐活动，这些活动能满足特定群体的需求，因此赛事组织者也要重点宣传这一方面的内容。体育赛事运作管理机构要将赛事所有相关活动的日程安排尽早提供给媒体记者，在开展每项活动前，尽可能详细地将活动相关资料及新闻通稿提供给媒体，如果有必要，也可以将演讲者的发言稿提供给媒体。

（4）记者报道工作的相关资料

记者报道工作的相关资料主要指的是不属于媒体直接宣传报道的内容，但对媒体记者报道工作的进行很有利的赛事信息。例如，接待记者的规则、记者报到注意事项、记者食宿问题、记者交通问题等。

2. 制作并提供赛事媒体宣传素材的原则

总的来说，不论是哪种形式或内容的体育赛事宣传素材，在制作的过程中都要遵循以下基本原则。

（1）作为体育赛事的组织者要清楚体育赛事的媒体宣传工作并不是简单地发布赛事信息，而是带有目的性、有导向性地对赛事信息进行发布。

（2）赛事运作管理结构尽可能提供足量的赛事基本资料、竞赛资料和相关活动资料，且确保资料信息具有一定的深度，以使媒体能够以不同角度来报道赛事。

（3）提供给媒体的赛事信息一定要全面、准确，能够对媒体记者提出的最基本问题进行回答。

（4）虽然利用有利的信息来宣传赛事有利于吸引观众，但要注意控制赛事运作的商业化程度，应将公正客观的赛事信息提供给媒体。

（5）不管什么时候，什么情况下，都不能提供虚假的素材和信息，如果被媒体发现并揭穿，将会影响赛事形象，导致巨大的损失，且几乎无法挽回。

（6）对提供赛事宣传素材的渠道与方式进行建立，确保方式的正规与渠道的畅通，在关键问题及重要事件上应形成统一立场，并严格规定赛事工作人员接受采访的程序，擅自接受采访是不允许的。

（7）做好对外宣传信息发布审核批准制度的建立工作，不管是面对媒体，还是在赛事自有广告上直接刊载的文字内容，都要严格对其进行审核。

（三）建设新闻中心与广播电视中心

1. 新闻中心与广播电视中心概述

（1）新闻中心概述

新闻中心是体育赛事重要的宣传机构。新闻中心是指赛事运作管理机构向外界对新闻进行发布的窗口。赛事运作管理机构与媒体之间进行沟通要以新闻中心为桥梁。

新闻中心的主要职能为对赛事筹备工作信息和各类媒体宣传素材进行提供；对媒体记者参观采访赛事及联谊活动进行举办；对新闻发布会定期进行举办；将采访所需各种设备提供给媒体记者，对一站式服务严格进行实施。

一般情况下，赛事组织者都将新闻中心设置在体育场馆之中。首先要以赛事的参与媒体的数量和所需办公地点的大小为依据，来对新闻中心的规模进行确立，然后在体育场馆内选择适宜的位置来建设新闻中心。新闻中心通常需要设置记者工作室、新闻发布室、记者休息室以及其他提供相关服务的房间，并对必需的设施与设备进行相应的配备。

对于大型综合性体育赛事而言，要设置多个新闻中心，一般设置在不同的体育场馆中。但需要注意的是，并不是一定要在体育场馆内设立主新闻中心，在设立新闻中心时，要确保其与比赛场馆之间的交通方便，有相对齐全的新闻报道配套设施。

(2)体育赛事广播电视中心概述

发展到现在,体育爱好者对体育赛事进行了解与观赏的主要途径或第一途径就是广播、电视,许多电视台都要对各种体育赛事节目或相关内容进行报道。大型体育赛事中,对体育赛事进行广播电视转播已成为一个重要的组成部分,电视上及电台中出现中小型赛事的次数也越来越多。通过电视与广播的形式来对体育赛事进行播放和报道,不但能够对赛事进行有效的媒体宣传,而且随着赛事价值的扩大,广播电视版权的有偿转让也将成为体育赛事运作管理机构获取可观利润的一个关键渠道。在西方体育赛事市场中,很多品牌体育赛事最主要的一个收入来源就是销售电视转播权。

2.建设新闻中心与广播电视中心的步骤

一般来说,建设新闻中心与广播电视中心可以按照以下步骤进行。

(1)技术调研,分析可行性

建设新闻中心与广播电视中心的一个重要的前期准备工作就是开展需求及技术调研,主要就是调查与统计媒体记者的类别、数量、不同需求,并详细分析技术可行性。

(2)设计设置方案

设计方案指的是在了解媒体记者基本信息和分析技术可行性的基础上,总体规划新闻中心与广播电视中心的选址、构造及布局。

(3)展开实体化建设

实体建设指的是建设新闻中心与广播电视中心的场地,并按照一定的需求进行改造与装修。

(4)采购或租借新闻中心的相关设备

以新闻中心与广播电视中心建设的整体方案为依据,将设备清单详细列出,主要设备有办公家具(讲台、桌椅、摄影台、背景板等),办公设备(电脑、电话、传真机、扫描仪、复印机等),音频、视频设备(音响、电视、投影仪、麦克风)等。在配置设备时要力求节俭与实用,可以综合使用采购、租借及调用等方式。

(5)安装与调试设备

按设计方案安装好新闻中心与广播电视中心的设备后,要开始测试所有的技术环节,使设备能够正常工作。同时,也需要开展对新闻中心与广播电视中心的整体运作的试运行工作。

(6)制定新闻中心相关制度

确保规范化运作新闻中心与广播电视中心是建设制度的目的。需要建立的相应的配套制度主要是《新闻中心新闻发布会制度》《新闻中心管理制度》《新闻中心应急预案》《新闻中心运作与服务指南》《广播电视中心管理制度》《广播电视中心应急预案》《广播电视中心运作与服务指南》等。

(7)人员培训

对人员的培训主要是指培训新闻中心与广播电视中心技术人员、培训管理人员、培训一般工作人员,同时也需要对志愿者进行培训。

(8)运作与监控

如果新闻中心与广播电视中心进入赛事举行阶段,就必须确保其稳定顺利地运作,倘若有任何疏忽或者失误出现,都可能给体育赛事带来很大的消极影响。所以,要随时对新闻中心与广播电视中心的运作进行监控。

3. 建设新闻中心与广播电视中心的建议

在建设体育赛事新闻中心与广播电视中心的过程中,有以下几点建议可以采纳。

(1)要以高效传递赛事信息为目标

在新闻中心与广播电视中心配备相应的设施和设备,目的就是帮助相关媒体记者及时了解与掌握赛事信息,使媒体能够及时报道与宣传体育赛事信息。新闻中心的各个组成部分、各个工作人员都要记住这一目标。如果只是一味注重程序和技术,将媒体高效传递信息的需求忽略,就不利于赛事的宣传与推广。

(2)与媒体机构要及早沟通

媒体记者是新闻中心与广播电视中心最直接、最主要的服务对象,因此很有必要对新闻媒体的实际工作需要进行了解,并听取他们对新闻中心及广播电视中心建设的意见及建议。这能够促进体育赛事运作机构更好地对赛事的有限资源进行合理配置与利用,特别是转播商将转播权费支付后,赛事运作管理机构应提供相应的服务。

(3)对设备及技术供应商慎重选择

新闻中心各方面的工作技术性和专业性都很强,用到的也都是网络、电脑、光纤、通信等技术要求高的设备,通常对设备的安装、调适,对新闻中心与广播电视中心的实体建设需要由专业的设备及技术供应商完成。为了从技术上充分保障新闻中心及广播电视中心的顺利运作,在选择设备及技术供应商时,需要考虑的最主要的衡量标准就是设备质量与技术水准,同时还要注意供应商的经验,要综合考虑各方面的因素。

二、搞好体育赛事的公共关系活动

(一)体育赛事公共关系及公共关系活动概述

1. 体育赛事公共关系

体育赛事的公共关系是指体育赛事运作管理机构在与环境进行交流与沟通的基础上,对体育赛事与环境间的协调、融洽的关系进行建立,从而获取正面评价,对良好赛事形象进行树立的实践过程。

2. 体育赛事公共关系活动

一般来说,体育赛事公共关系活动主要包括以下几个方面的内容。

（1）统筹安排与规划赛事筹办期间除竞赛之外的各项活动，如艺术表演、文艺汇演等活动。

（2）策划各项活动方案，充实体育赛事内容。

（3）对活动方案进行组织与执行，加强与公众之间的交流与沟通，对赛事信息进行传递，将赛事形象展示出来，促进赛事影响力的扩大。

（4）总结并评估赛事活动工作情况，提交工作报告等。

（二）体育赛事公共关系活动的工作程序

1. 设置组织机构

公共关系活动部门通常设置在体育赛事运作管理机构内部，这一部门主要负责策划、组织与执行赛事各种公共关系活动。大型体育赛事中不止要举办一项公共关系活动，需要以活动的具体数量及规模为依据，在公共关系活动部门内部对具体的项目组进行设立，不同项目组对不同活动项目分别进行负责。

2. 配置人力资源

在选择体育赛事相关部门的负责人时，要优先考虑具有活动策划经验的人才，要求组织与协调能力都较强。因为组织与执行活动有很大的工作量，而且有些工作有很强的专业性与技术性，倘若由赛事运作管理机构的工作人员来独自完成这些工作，就需要投入很高的成本，但未必会取得良好的效果，所以一般由内部工作人员来负责策划、组织与协调等活动，而由专业公司来负责完成大部分执行工作，但在此过程中要严格监控外部公司及人员的工作。在赛事运作中，活动部门对志愿者的需求量较大，因此要配置一定数量的志愿者，并且对其进行相关的培训。

3. 公关活动调研

对于体育赛事运作管理机构来说，他们只拥有有限的资源，因此这些资源显得特别珍贵。如果不能通过公关活动达到提高赛事运作的整体效益的目的,就不应该投入资源来举办活动。也就是说,公关活动的举办一定要能够帮助体育赛事运作管理机构达到一定的利益目标。这就需要对调研的手段加以采用,对赛事的不同受众群体进行细致分析,并对"哪种活动对哪种受众群体最有效"这个问题进行确定,并且还需要对可能产生的"活动结果"及"活动效果"进行预测。

通过举办公关活动所产生的直接的、短期而表面的现象就是所谓的活动结果。有关赛事的报道数量增加就是表明的活动结果;而公关活动对赛事产生的长期而深远的影响力才是活动效果,如大型运动会的火炬传递活动提高了人们参与与关注运动会的热情与积极性,这就是活动效果。我们可以大概将调研的内容分为对活动成本—效益的调研和对活动策划、组织及执行方式方法的调研两个部分。

我们可以从两个角度来获取公关活动调研的方法,第一是现实性调研,即以赛事自身拟举行的公关活动为中心展开调查与研究,主要采取的方式就是向目标公众发放调查问卷,或对其进行电话访谈、邮件访谈,或开展专家座谈等,以此来了解目标公众对活动的认知、态度,并对活动可能的结果与效果进行预测。第二是比较性调研,即调查同类型或者其他具有可比性的赛事所举行的活动,对成本—效益进行研究,从中总结经验,汲取教训等。

4. 制订活动方案

制订活动方案不仅要对赛事公关活动的总体规划方案进行制订,还要对各项活动的具体方案进行制订。在制订总体活动方案和各项活动方案的过程中需要注意以下几方面。

(1)体育赛事所有公关活动的举办应以赛事为中心,目的在于对赛事形象进行展示。

(2)要从时间和频率上注意对公关活动进行统筹安排,避免活动重复举行,以造成资源的浪费。

(3)在举办每项公关活动时,都应该对目标公众进行明确,突出活动主题。

（4）活动的内容与形式应该符合活动主题，不要一味创新，要分析其可操作性。

（5）公关活动的筹办应结合体育赛事的市场开发工作来进行。

5. 执行活动方案

执行活动方案关系到是否可以使活动达到预期目标。所有的活动方案，不管其有多少"亮点"，有多大程度的创新，倘若没有可行性，就会是一项空方案。在执行活动方案的过程中，工作人员要重视每一个细节，从安排活动流程到布置活动场景；从控制活动现场到邀请媒体记者等。

在执行活动方案时，团队合作也是需要引起重视的，单独凭借一个人或者一个活动部门是不可能成功举行赛事公关活动的，各部门之间进行合作与协调十分必要。此外，还要注意控制与监督活动的执行过程，注意各种多变因素。

6. 总结并评估活动情况

体育赛事公关活动结束后，还需要评估公关活动的结果与活动效果，如可以拍摄活动现场效果，统计参与活动的公众人数等，以为将来累积必要的经验。

第七章 体育赛事赞助与管理研究

体育赛事,尤其是大型体育赛事需要大量的资金作保障,如果缺乏必要的资金,体育赛事就无法得到顺利的开展。因此,在建设体育赛事的过程中,争取赞助是一项非常重要的工作,只有争取到一定的赞助商,才能为体育赛事的建设带来充足的资金。作为体育赛事的组织管理者,一定要利用一切可以利用的手段吸引赞助。

第一节 体育赞助概述

一、体育赞助基本知识

赞助,是从资助发展而来的,通常在体育范畴内所说的赞助都是现代意义上的赞助,它是一种商业行为。体育赞助是赞助的一种形式。体育赛事赞助涉及面很宽,除了体育赛事本身外,它还在商业、经济、文化、美学、传播等领域进行各种资源的整合。从体育赛事运作管理机构的角度而言,体育赛事赞助是一项重要且必不可少的市场开发渠道及方式;而从赞助者角度上来说,它实质上是从整合营销的角度上来探讨的,是对体育赛事及相关活动实施的营销管理。

不同的专家与学者对体育赞助的概念有着不同的见解。布鲁克斯(美国)认为:"体育赞助是从一个体育组织买权利(买的形式可以是现金、产品或服务),并借既定的各种活动和形象来与体育的符号相连接,以追求企业的宣传和目标对象的锁定,进而达成企业的效益。"马克·威廉(美国)认为:"体育赞助是指企业为体育组织、运动竞赛及运动员等所需要的任何物资,包括资金、产品、服装、器材、技术及服务等,并凭借赞助关系来达到企业营销的目的。"施奈特(美国)认为:"体育赞助是指一种商业关系,它存在于资源供给者与体育事件(活动)或组织之间,资源供给者提供资金、资源和服务,体育事件(活动)或组织便授予一些权力以及其他可获得商业利益的要素作为回报。"

不仅国外对体育赞助的概念的认识不统一,国内对此观点也不一样。其中,较为普遍的观点是:"赞助是指企业(赞助者)和公益组织、机构及个人(被赞助者)之间以投入(资金、实物、技术、服务等)和回报(冠名、广告、专利和促销等权利)互惠的交换关系,是平等合作、互利双赢的商业行为。"

综上所述,体育赞助中的体育组织、企业、媒体、中介,这些因素综合在一起,相互联系起来,最终形成一个密切相关的体系。因此,体育赞助的概念可以概括为"以体育为题材,以支持和回报为内容,以利益交换为形式,以达成各自组织目标为目的的一种特殊的商业行为。"

进入21世纪,体育赛事赞助越来越受到重视,体育赞助也逐渐成为体育赛事的主要资金来源和获利渠道,而任何具有影响力的体育赛事离不开体育赞助。从奥运会和世界杯这样的世界顶级赛事,到美国四大联盟体育赛事,以及世界各地的商业体育赛事中都能看到体育赛事赞助的贡献。一般来说,大型体育赛事总收入的1/3以上都是来自体育赛事赞助。体育赞助不仅能为赛事组织者带来一定的经济利益,同时也能为赛事赞助企业带来一定的知名度,提高企业的影响力,对于企业的长远发展来说是非常有利的。

二、体育赞助的发展

(一)体育赞助的发展问题

尽管我国的体育赞助近些年来取得了巨大的进步,但是由于起步晚,基础弱,目前尚未建立一个健全的发展机制,还存在诸多问题,需要今后大力解决。

1. 体育赞助的水平低,地区差异明显

与国外相比,目前我国体育赞助发展水平还较低,还有着较大的发展空间。除此之外,我国各地区还存在着较大的地域差距。总体来看,我国东部地区的经济发展水平高,体育赞助的发展也快,收入也多,而西部地区体育赞助的水平相对来说就较低。这种体育赞助地区发展不平衡的现象,需要采取必要的手段和措施加以解决。

2. 赞助商对体育赞助认识不够,投资意识不强

据调查发现,我国体育赞助的策划和实施水平较低,这直接导致了赞助的效益不高,因此对于商家来说花费了大量的钱财,实际回报却寥寥无几,从而使商家赞助的积极性受到了极大挫伤。同时,我国企业赞助体育的费用还不能列入产品成本和税前开支,这使得企业赞助体育的费用难以建账,对企业赞助体育的积极性也会产生影响,限制企业赞助体育的投入,使体育赞助工作难以和企业的广告、促销和公关工作有机配合,同时营造大规模的营销气氛,从而影响体育赞助的气势和效果,不利于体育赞助的发展。我国体育赞助发展出现下滑趋势与国内企业对体育赞助的魅力认识不够也有关系,体育组织与大型企业之间稳定的、长期的合作伙伴关系尚未建立起来。国外企业,尤其是跨国公司高度重视体育赞助活动,纷纷在公司内部设立专门机构和专门人员,并在公司预算中单列体育赞助经费。大型跨国公司不仅

频繁运用体育赞助手段,而且还致力于与体育组织建立长期稳定的合作伙伴关系。例如,美国的可口可乐、柯达、UPS、IBM,日本的松下、理光、施乐等著名公司都与体育组织保持长期的赞助伙伴关系,并取得了显著的赞助效益。与之相比,我国企业普遍对体育赞助重视不够,能自觉运用体育赞助手段为企业发展服务,并与体育组织保持长期合作关系的就更少。对体育赞助的认识不够,也就导致了对体育赞助投入的积极性不高,投资意识不强,这对于我国体育赞助的长远发展是非常不利的。

3. 经纪业已兴起,但中介环节力量尚薄弱

体育经纪业在体育赞助发展过程中扮演着非常重要的角色,但是当前我国的体育经纪业发展缓慢,还未建立起体育经纪人制度以及体育中介法规,中介环节力量的薄弱不利于体育赞助工作的开展。

体育经纪人在我国出现也就是近20年的事情。在其发展过程中,有影响的体育经纪活动主要有北京高德体育文化中心策划和运作的一系列商业比赛和活动,如中英、中巴、中韩、中美、中伊等对抗赛以及范志毅、孙继海转会英国水晶宫队。应该说,体育市场的繁荣需要经纪人。只有具有一流的体育经纪人队伍,才会有强大的,具有国际竞争力的体育产业。

国外的体育经纪业发展很快,从1925年美国出现第一位体育经纪人到美国职业体育联盟的崛起,体育中介力量得到快速的增强。目前,美国目前最著名的体育经纪公司有3家:国际管理集团(IMG)、ProServ和优势国际(advantage international)。欧洲体育经纪人的发展略晚于美国(20世纪80年代),体育经纪活动以足球为主,体育经纪人也以足球经纪人为多。目前,国际足联认可的可以从事球员国际转会的足球经纪人绝大多数在欧洲,而中国的足球经纪人则很少。体育经纪人的根本任务,就是通过中介工作促成体育赞助成交,努力提高体育赞助的质量和效益,力争把体育赞助这块蛋糕做成,并且尽可能地做大、做好,让赞助

第七章 体育赛事赞助与管理研究

双方都能从中获取最大利益。这既是活跃体育赞助市场、发展体育赞助事业的需要,也是自己创牌子,打天下的根本之道。在发达国家,由体育部门自行策划和营销赞助个案的现象已很少见,大都委托中介机构进行策划和营销,有的甚至连实施和评价工作都由中介机构一并进行。在我国,目前仍以体育部门自行运作为主,体育经纪业的发展任重道远。

4. 体育赞助结构不合理,回报方式单一

当前,我国体育赞助的发展还存在着结构不合理的现象。一是国内体育赞助主要集中在对运动赛事的赞助,而对体育组织和运动员的赞助几乎没有。二是项目差异巨大,仅有的、为数不大的体育赞助主要集中在足球和篮球少数几个职业化程度较高的项目。尽管全球性的普遍现象是各运动项目赞助金参差不齐,但是像我国这样畸形发展的却不多见,足球一个项目所得的赞助金占国家体育总局各运动项目管理中心所获赞助金的一半。绝大部分运动项目,即使是奥运会优势项目也很难得到赞助,更不用说群众性体育活动。

除此之外,我国体育赞助的回报方式也比较单一,且只注重眼前利益,而忽视了深层面、长效益的回报。例如,当赞助商的赞助金额达到一定的程度时,在减免税收、用人、用地等问题上,政府能否有相关的优惠政策则是决定体育赞助生命力的另外一个重要因素。在国外,赞助费用都能打入成本税前开支,对此,法国、意大利等国家甚至有专门的法律给予保障;捷克斯洛伐克规定体育组织和俱乐部的赞助收入一律免税。而在我国,企业认为政府在体育赞助政策、纳税方面缺乏激励机制。据统计,我国在赞助亚特兰大奥运会的两百多个企业中,大约只有25%的企业得到回报,有些企业只得到一些短期效益,有些企业甚至血本无归。回报方式的单一导致了企业对体育赞助"望而生畏,却步不前"。可见,我国体育赞助亟待解决的一个重要问题就是如何增加回报,提高投资效益,使政府、体育、企业与市场的关系在赞助活动中得以协调发展并形成良性循环。

5.体育赞助的运作和管理尚不规范

当前,我国体育赞助还存在着运作和管理不规范的问题,这严重影响着我国体育赞助的进一步发展。我国体育赞助管理的不规范主要体现在以下两个方面。

(1)利益机制不完善

利益机制是激励赞助方实施体育赞助活动的根本。然而,由于体育组织对体育赞助本质认识的不足,在经营体育赞助活动时,出现了政府干预企业体育赞助的"非市场行为"。有时政府部门通过行政手段迫使企业进行体育赞助,使许多企业的体育赞助并非出于自愿。政府的行政干预不仅加大了企业的经济负担,而且一定程度上挫伤了企业体育赞助的积极性,削弱了企业的体育赞助意识,影响了我国体育赞助的发展规模和速度。因此,应该通过市场激励机制,使赞助方和被赞助方共同获益,实现各自利益最大化。

(2)法律法规不完善

近些年来,随着我国体育产业经济的快速发展,我国已先后出台了一些与体育赞助相关的法规文件,但是仍然缺乏高层次的法律法规,还未建立一个完善的体育赞助法律法规体系。一是缺乏高层次的体育赞助专项法律法规;二是已出台的一些相关法规针对性不强,并缺乏系统性,有的还不够完美。由于现行的法律法规不健全,在体育赞助的实际运作中就会出现赞助商利益得不到保障,从而影响企业参与赞助积极性的情况。因此,在今后发展中,必须尽快建立一个健全和完善的体育赞助法律法规体系,以促进我国体育产业的健康发展。

(二)体育赞助的发展对策

与国外相比,我国的体育赞助还处于一个比较落后的局面,在这样的形势下,我们应借鉴国外体育赞助发展的先进经验,并

第七章 体育赛事赞助与管理研究

结合我国的具体国情走一条特色化发展的道路,其中可以采取以下发展对策。

1. 营造良好的体育赞助环境

当前,我国的社会经济水平相比以往有了非常大的提升,社会主义市场经济的快速发展为体育赞助的运作提供了必要的保障,赞助各方的行为都会在商业规则的调控下变得步调一致;经济全球化能有效地拓展体育赞助运作空间,使得国内体育赞助可以在全球运作;数字化、网络化提供了体育赞助"速配"和"优配"的技术手段;而知识经济和"知本时代"的来临则为体育赞助的勃兴提供了不竭的智力资源和无限的发展动力。因此,从外环境看,新世纪我国体育赞助市场将面临一系列前所未有的、难得的发展机遇。为我国的体育赞助发展营造良好的环境,需要多方面的努力,具体措施是进行有效的市场监管,保证体育赞助顺利健康有序的发展;提供优惠的税收政策,提高企业参与体育赞助的积极性;加大科研力度,培养体育赞助方面的体育经营管理人才,保证我国体育赞助能够沿着正确的方向前进。

2. 改进体育组织体育赞助营销管理

体育赞助要想获得进一步的发展,除了加强自身的改革外,还要树立全员体育赞助营销的观念。组织全员营销观念要求营销管理部门协助最高领导层,按照营销的思想,制订员工培训计划,培养员工树立为赞助商服务的观念和营销的意识,掌握处理与赞助商关系的方式方法,协助组织做好与赞助商的沟通工作,实现全员营销。体育组织的所有人员和一切行为都必须符合营销理念,努力维护和建立与赞助商的良好关系,要随时随地地为赞助商着想,为赞助商服务。其次要提高赛事的品牌价值。当今世界具有很大影响力和吸引力的赛事,如奥运会、世界杯足球赛、F1赛车、NBA篮球赛、四大职业网球公开赛等,都是运用专业策划、专业制作、专业营销和专业服务的基本操作方式和手段,创造出了属于自己的高质量的体育竞赛品牌。这些保证了体育竞赛表演业的成功,也吸引了赞助商。赞助商利用赛事的影响力来宣传其产品,赛事也可以利用大公司的影响力,进一步提升赛事品牌。明星运动员对体育赞助的发展有着重要作用,如姚明、刘翔等,对篮球、田径运动项目的体育赞助市场的开发有着重要意义。对明星运动员的培养要从长远着想,加大对有潜质运动员的投入,以多维的角度对运动员加以考察,来评判一个运动员的预期的市场价值。促进体育赞助的发展,要提高企业赞助的积极性,这就要求提高对赞助企业的回报,这就要求体育组织花费更多的时间和精力来进行赞助招商,应该多学习国外的有关经验,从更深层次对赞助商回报有所创意,使赞助商的利益最大化。

除此之外,体育赞助的发展还要充分借助于体育传媒的力量,利用媒体的宣传能产生较为广泛的影响力,这样才能取得更大的经济效益。体育作为媒体重要内容的来源,是媒体吸引市场关注、获得市场回报非常重要的内容支撑。媒体是体育赞助中一个重要的合作伙伴。通过它们对体育事业发展的正面报道,对体育运动来说是一种推广,为体育组织寻求赞助提供机会。同时通过媒体,宣传效益得以扩大,从而帮助体育组织实现最大的市场效益。体育赞助市场的发展还离不开中介机构的作用。体育中介机构已日益成为体育市场营销中的重要力量。因此,在体育赞助营销方面,我国体育组织应重视利用体育中介机构的作用和优势,建立与中介机构互惠双赢的伙伴关系。[1]

3. 提高企业体育赞助的应用水平

提高企业体育赞助的应用水平也是促进体育赞助发展的重要举措。提高企业体育赞助的应用水平,具体的做法是准确定位体育赞助对象,合理选择体育赞助策略,抵制隐蔽营销行为,规避体育赞助的风险,提升赛事赞助参与程度,准确评估体育赞助行为等。通过以上策略的实施,相信体育赞助必将得到快速、健康的发展。

---

[1] 张大庆.我国体育赞助现状与发展对策研究[D].上海体育学院,2008.

第七章 体育赛事赞助与管理研究

第二节 体育赛事赞助的策划与实施

一、体育赛事赞助的策划

在开展体育赞助活动前,一定要事先做好体育赞助前的评估工作,这样才能保证体育赞助计划的顺利实施。因此,要尝试体育赞助活动之前,首先要弄明白两个问题:首先,进行体育赞助活动的理由是什么;其次,是真的有这个必要还是单单为了追随潮流。

(一)对自身组织及活动的分析

对体育赞助自身组织及活动的分析一定要全面和客观,不能盲目进行。

1. 对自身的分析

一般来说,分析自身情况主要包括分析自身规模、历史、社会形象、地位、组织资源及专业人力等。通过对自身的这些具体情况进行审视,能够较容易、合理地掌握优势,并且找出赞助契合点发挥赞助潜能。在决定寻求企业赞助前,应充分考虑以下因素。

(1)组织内部的人才情况。对公司内部行销、公关等专业人才的情况进行调查,如果缺乏,可以寻求运动行销经纪公司的专业协助。

(2)组织目标与企业目标间的契合度。体育赞助活动对于企业产品、品牌相关目标的实现有非常重要的推动和促进作用。因此,为了达到获取企业赞助支援的目的,是非常有必要迎合并协助达成企业目标的。

(3)经济因素。体育运动主办单位应对活动资金以及产生的效益有所了解,并有计划,避免受制于赞助商,导致危机。

（4）主导权。体育运动主办单位应非常明确主导权的所有，不因外部因素丧失主导权，以维护体育运动的积极健康形象。

2. 对活动的分析

对体育赞助活动的分析，通常是要看活动性质、活动成熟度、活动规模与活动的主控权等几个方面，要具体问题具体分析。

（1）性质。要分析此次活动是属于观赏性活动、参与性活动、媒体宣传性活动还是综合性活动等。

（2）活动成熟度。对不同类型的活动进行成熟度的分析。如新活动、常规赛事以及重复性活动。

（3）规模。通常规模越大的活动，获取赞助机会的几率越大。

（4）主控权。根据活动的主办、承办、协办等性质，授予赞助商相应的赞助权。

（二）编写体育赞助策划书

撰写一个出色的体育赞助策划书并不是一件容易的事情。并且仅仅一种赞助计划书并不适用于所有的活动，需要根据具体实际进行有针对性的策划。

1. 体育赞助策划书的架构

（1）赞助描述。主要包括对体育运动主办单位的概况，赞助案例及媒体报道情况，提供给赞助商的商机。

（2）计划目标。通过条目的方式清楚交代赞助可协助赞助商能够达到的企业目标。

（3）计划内容。包括计划的详细内容，赞助商的商机，宣传、推广方式。

（4）预算。包括详细的经费使用说明，评估后的收益情况。

2. 体育赞助策划书的要素

通常来说，一个赞助策划书应包含9个要素：（1）具吸引力的策划书名称；（2）策划纲要；（3）策划摘要；（4）组织专业知识与能力；（5）赞助方案目标；（6）赞助方案的活动内容；（7）评估；（8）赞助方案执行者与管理；（9）合理性的预算。

3.体育赞助策划书（方案）的设计

通常来说，为了能吸引赞助商的注意力，策划书的前两页最好要有赞助商需要看到的信息，要做到以下几点：（1）封面美工设计，鲜明亮丽；（2）单页主题说明的呈现原则；（3）以重点摘要方式呈现；（4）活动主题商机化；（5）内容文字简洁化；（6）赞助资格多样化；（7）联络资料的提供；（8）计算机媒体促销技巧；（6）赞助截止日期。

4.体育赞助策划书的内容

一份完整的体育赞助策划书应包含以下内容：（1）赞助机会及赞助理由介绍；（2）活动宗旨以及活动背景说明；（3）产品促销机会的提供；（4）与品牌形象相符的理由；（5）广告与宣传机会的安排；（6）服务顾客的可能性；（7）礼仪条件与产品的排他性说明；（8）广告可标示、悬挂等位置图及方式的展示；（9）其他赞助者名单的提供。

（三）体育赞助策划书的评估

评估体育赞助策划书的方法主要有"前置评估"和"后审法"两种。

"前置评估"是将评估的标准按照重要程度先后列出（表7-1），再列出1~5分的赞同程度（1代表不能同意，5代表非常同意），再根据加权分数（加权分数的总和为100分），按照公式：赞同程度的分数×加权分数＝每个决定要素的个别得分。总分即为各个标准得出的分数相加。

表 7-1　赞助评估模式[①]

标准	赞同程度 1分	2分	3分	4分	5分	加权积分	分数
获利机会						×15	
与本身行销活动间的整合能力						×15	
赞助开支						×13	
向目标消费者的曝光机会						×13	
公司形象强化						×10	
竞争优势的获取						×10	
对员工的冲击与影响						×10	
礼仪款待及娱乐机会多获取						×6	
对公司品牌权益的增加						×4	
对社区投入、市场分别吻合						×4	
合计							

注："1"代表不同意，"5"代表非常同意

"后审法"主要用于总分相近，无法取舍时。即依前置评估法得出结果之后，再根据赞助目标的可评估性、赞助活动成效的可评估性、计划执行之前必须先考虑赞助活动成功的可能性等这些因素选定最佳赞助方案。

二、体育赛事赞助的实施

（一）成立赞助工作小组

在实施体育赛事赞助计划的执行工作是非常复杂的。因此，应根据赞助活动的规模组织相应的工作小组来分工合作，以完成执行工作。同时，为了便于整体决策的制定与实施，应该使工作小组层级以及主管层次要高。一般来说，较为合理的工作小组可以分为行政管理组、策划组、联络组、服务组。可以将体育赞助计

---

① 杨晓生，程绍同.体育赞助导论[M].北京：高等教育出版社，2004.

第七章 体育赛事赞助与管理研究

划的所有事宜相应地分配给这四个小组来执行。

（二）收集与体育赛事赞助相关的资料

在成立体育赛事赞助工作小组后,还要收集与赛事赞助相关的各种资料,并进行整理与分析。这一步骤非常重要,在很大程度上决定着体育赛事赞助计划实施的成败。因此,体育赞助的主办单位一定要重视这一过程,以得到理想的实践效果。但是,资料收集与分析的工作却通常被寻找赞助的体育主管部门忽视。从整体上来说,对企业、赞助活动、赞助时机的资料收集是不可缺少的。

（三）制定体育赛事赞助目标

制定赞助目标的主要目的就是为了对体育运动组织寻求赞助的理由及原因进行说明。除此之外,赞助目的还有更重要的意义,即赞助目的是执行整个赞助计划的依据与原则;赞助目的还是内外沟通交流的桥梁和纽带。

体育赛事赞助目标,也是检查评估赞助活动的重要依据。因此,应将目标内容具体化、数据化、简明化。通常来说,体育目标应该考虑一下这几方面的因素:（1）增加产品销售;（2）媒体曝光;（3）提供与生意伙伴的沟通机会;（4）垄断市场。

（四）根据要求设计体育赛事赞助"产品"

在确立体育赛事赞助目标后,还要根据赞助商的要求设计赞助"产品"。首先,通过行销理念规划满足赞助双方需求的双赢"产品";其次,通过各种媒体宣传扩大影响力;再次,通过增加曝光率增强推广效果。除此之外,赞助办法还要将赞助的等级与企业享受的权益明确下来,以便于赞助场上选择参与方式。

（五）制定体育赛事赞助的价格

一般情况下，体育赛事赞助的价格主要取决于体育活动的规模和影响力。比如，小的校园活动的赞助价格一般在几千元左右，而国际上的奥运会的赞助价格则可高达数千万，甚至更多。另外，赞助价格也不是随便就能制定出来的，要以活动本身成熟度等条件为制定依据，制定合理的价格，避免过高或过低。

（六）选择体育赛事目标赞助商

双方能达成合作的基础就是对体育赛事能为企业提供何种商业销售或者推广的机会进行分析。只有做到"知己知彼"，才有可能对体育赛事的赞助企业作出正确的选择和接触。组织之间的接触就像是人与人之间的交往一样，非常注重第一印象，往往体育赛事运作管理机构严谨、专业的形象会被一次草率、粗糙的接触而被破坏，赛事运作管理机构一旦得不到企业的信任，这种不信任感将很难被消除或者转变。因此，体育赛事运作管理机构无论是采用何种途径或者方式与目标对象进行接触，都应提前做好充足的准备，对于在接触过程中，那些企业最关心、最感兴趣及其他可能询问的问题，体育赛事运作管理机构都应提前做好周详的考虑。

首先，应该明确的是，体育运动与企业赞助的结合，并非是"一拍即合"的关系。因为并不是任何一个商家都能够或者适合作为赞助商的。因此，为了能够更高效率地为体育活动找到合适的赞助商，就需要遵循特定的要求和条件。要求主要涉及两个方面：形象和目标市场，具体而言，就是企业的预期形象与目标市场，都要与所赞助的体育赛事的形象和目标市场相吻合。

在与目标赞助商接触时，为了能够使目标赞助商对赞助方案有清晰的认识和较高的评价，必须要做到以下两点，否则，再好的赞助方案也不会被目标赞助商采纳。首先，要做好充分的准备工

第七章 体育赛事赞助与管理研究

作,要求不仅要准备齐全,还要有所侧重,让目标赞助商一眼就能看出重点;其次,要运用交互式的现场沟通,可以通过现场的环境或者氛围来为双方的交流创造有利条件。

（七）体育赛事赞助谈判,并签订赞助协议

体育赛事商业赞助谈判中的价格调整主要是指赛事赞助价格的调高或调低。一般赛事赞助价格调高的情况相对较少,但并非绝无可能,比如给予谈判对象权益的增多或者变化,可能导致谈判价格的提高。或者在谈判过程中,还有其他企业对赛事表示出赞助兴趣或者意向,也极有可能促使谈判价格的提高。相反赛事赞助中价格调低的情况相对较多,最常见的原因是为了促成赞助协议的尽快达成,赛事方给予目标对象一定的优惠。在谈判过程中,无论是价格调高还是调低,都要小心谨慎地进行。因为,双方建立起来的信任关系可能会因价格调高而遭到破坏,而价格调低时,也可能使赛事的商业价值遭到目标对象的质疑,或者认为赛事的商业赞助的降价空间还有很大,而对谈判时间进行拖延,使赛事运作管理机构处于被动地位。因此,在关于价格调整的谈判过程中要把握好时机和分寸,在拥有充足而合理的依据或者理由时,才能提出。同时,应控制价格调整的幅度和次数。

由于企业与体育运动所处的环境是截然不同的,受环境影响的程度和内容也是不同的,因此,它们两者之间的观念、用语、做法也有一定的不同。鉴于此,为了避免这两者之间出现"解读"的差异和区别,达成赞助合作事宜的共识,就需要签订一份双方共同认可的赞助协议,这是很有必要的。具体协议的内容,可以根据双方当事人的需要以及赞助活动规模大小而定。赞助协议大致做了分析,根据其正式程度,将其分为三大类:确认函、协议书、正式合约书。其中,确认函是较不正式的协议形式,协议书是标准的协议形式,正式合约书是最正式的协议形式,具有法律效力。

（八）执行体育赛事赞助活动

在签订体育赛事赞助协议后,就需要按照既定的赞助计划和协议执行了。在执行赞助活动时,一定要注意赞助协议上提及的关于赞助商的权利和义务,避免因这方面的失误而造成双方合作的破裂或无法正常执行赞助活动。另外,通常来说,赞助商为了达到预期的赞助宣传效果,往往会再追加赞助,因此,体育运动主管部门一定要做好这方面的工作,尽可能地与赞助商保持良好的合作关系,为建立长久的合作关系打好基础。

最后,在结束体育赛事赞助活动后,还要对之进行必要的总结,以积累经验为下次体育赛事赞助活动奠定良好的基础,另外还要开展答谢活动。

第三节　体育赛事赞助管理与效益评估

一、体育赛事赞助的管理

（一）体育运动主办单位的赞助管理

当前我国的体育赛事赞助活动大多集中于热门的体育项目或明星运动员身上,因此受到的局限性较大,这需要今后大力发展,扩大体育赛事赞助的范围。一般来说,体育赛事赞助管理的程序主要包括以下四个阶段的工作。

1. 总体策划阶段

总体策划阶段的工作主要受体育运动主办单位的组织宗旨、目标及发展计划等方面的影响。这一阶段的赞助策划具有整体性、宏观性、前瞻性、战略性、长期性与指导性等方面的特点。为了确定赛事赞助的目标,要进行组织内部的自我检查。

2. 个案营销阶段

当前体育赛事赞助规划的方式越来越多,其中常用的主要有三种,一种是委托中介机构和媒体策划执行;一种是企业本身营销计划主动寻找体育部门合作方式;还有一种是以体育部门自行制订体育赞助营销计划,并主动对外招商的一般产生方式。选择好适合的规划方式有利于营销的实现和成功。

3. 个案组织和实施阶段

个案组织和实施阶段的工作非常重要,因为只有做好赞助计划的组织和实施工作,才能避免合作双方的纠纷与分歧,才能建立良好的合作关系。通常来说,组织实施工作大致的程序为:第一,成立领导小组及下设部门;第二,确立赞助管理计划的实施内容;第三,执行与实施赛事赞助计划。

4. 个案监督与评估阶段

一般来说,体育赛事赞助的个案监督和评价主要分为监督和评价两个部分。一方面,在执行赞助计划的整个过程中,都要进行严密的监督,以保证完成任务,并确保实现赞助计划的目标。同时,还要注意收集相关的资料并进行保存。另一方面,为赛事赞助活动结束后的评价工作,以预期的赞助目标为评价依据进行评价,不仅能够对本次赞助活动有一个完整的总结,还能为以后的赞助计划积累经验。

(二)企业客体的赞助管理

体育赛事赞助本身具有一定的风险,因此加强体育赛事的赞助管理是非常重要的,要建立一套系统的管理步骤及操作模式,杜绝体育赛事赞助的高风险。

1. 体育赞助计划的选择

企业组织在进行体育赛事赞助时,需要充分考虑以下几个因素:(1)赞助的方式与手段;(2)赞助的延伸;(3)媒体报道;(4)

运动竞赛与活动和产品的关联性;(5)该项体育赛事的焦点;(6)娱乐节目与礼仪接待;(7)人口统计学上的契合性;(8)权利给予的情况或条件;(9)符合人的心理活动规律;(10)地理上的影响。

2. 体育赞助发展模式

下面是体育赛事赞助计划常用的模式,该模式主要包括7个步骤:(1)情景分析;(2)赞助目标的界定;(3)赞助相关策略的发展;(4)赞助关联性的建立;(5)赞助联结的类型;(6)赞助的实施;(7)评估。

3. 六阶段体育赞助管理概念

一般来说,六阶段体育赞助管理主要包括以下内容:(1)监控企业本身行销计划与目标;(2)建立赞助目标的顺序;(3)建立评估标准;(4)赞助方案的评价与选择;(5)赞助计划的执行;(6)赞助后的效益评估。

二、体育赛事赞助的效益评估

(一)建立正确的体育赞助效益评估观念

目前,很多人都没有意识到建立赞助效益评估的正确观念,能够有效选择适当的评估方式及执行方法,能够获取各自所需的赞助成果信息的重要作用及意义。因此,建立正确的体育赞助效益评估概念是非常有必要的。

1. 赞助体育对企业行销资源的利用程度

有的公司为了节约投资成本,往往首先削减或取消赞助经费,这种做法是不可取的。因为成功的赞助策略是可以创造产品销售,增加公司盈利。需要提醒的是,企业要明确赞助的具体效益,就必须进行赞助活动的效益评估,并保存相关资料。否则,还是会给企业一种无明确收益的印象。

2.赞助效益评估的工作内容是否属于被赞助者的工作范围

关于赞助效益评估工作是否属于被赞助者的工作范围,2001年国际事件行销集团对美国超过150家知名企业承办赞助业务的主管进行了"企业赞助决策者行为研究调查",通过调查整理的结果可以看出,仅有28%的赞助商是做赞助效益评估的,其他的大多数根本就不做或只投入少于其赞助权利金1%的经费来进行效益评估,另外,还有78%的赞助商是没有进行赞助研究的固定经费的。这充分说明了,企业赞助者没有认识到赞助效益评估的重要作用及意义,因此,就需要对这方面的工作进行引导,以提高企业在这方面的关注度。

3.品牌曝光与品牌权益是否是等同的关系

品牌权益是目前市场竞争中不可或缺的重要因素,并在全球范围内受到高度的重视,因此,如何打造强势的品牌是目前各大企业最热衷的话题和议题。品牌权益主要包括两大方面,即品牌知名度与形象。通过增加品牌名称的曝光率可以建立起品牌知名度,是比较简单的,难的是品牌形象的建立,它必须借助于品牌联想来塑造。但是,企业往往只关注于品牌的知名度与曝光率,而恰恰忽视了品牌联想这一重中之重,因此,品牌权益的塑造就显得意义不大了。

(二)体育赞助效益评估的实施

实施体育赞助效益评估的工作,主要包括三方面内容,即对体育赞助价值评估的质与量有充分的了解和明确的认识,对体育赞助价值评估的指标进行一定的了解和确认,体育赞助效益评估的方法。

1.对体育赞助价值评估的质与量有充分的了解和明确的认识

在进行体育赞助效益评估之前,企业对赞助效益有所了解,比如,要知道赞助效益的两种价值取向,即量化和质化。量化的价值部分主要包括产品展示,现场观众(会场上产品销售量、试用品的分发、问卷调查及消费者意见等),经销地点的扩增等;质化的赞助价值部分则主要包括产品,差异化,形象,社会责任,品牌信誉,企业内部的士气,与消费者生活观念建立关系,与消费者的互动等。

2. 对体育赞助价值评估的指标进行一定的了解和确认

由于赞助商企业类型是不相同的,因此,体育赞助表现指标应不相同,相应地进行调整和变化。对此,有学者提出了5种效益评估指标,即回忆指标、感动指数、光环效应与态度指标、购买指标、投资报酬率与增额价值率指标,以供企业对体育赞助价值进行评估参考。

(1)回忆指标

尽管民众对于赞助活动的记忆多少并不对体育赞助的成败起决定性作用,但这也是赞助商需要了解的一些基础情况,以便据此来了解赞助过程中一系列活动的变化与调整,从而取得理想的赞助效果。

(2)感动指数

赞助商传统意义上的效益评价指标包括人口统计变项(如性别、年龄等)、消费者的品牌印象及媒体体现的价值。但是随着社会的不断发展,这些方面因素的作用已经不是重点了,重点应该是消费者对体育赞助活动所激发的情绪变化。换句话说,现在的行销不再以实物为重,而是以"卖感觉"为重,因此,企业要做好体育赞助效益评估,首先就必须对目标消费群喜欢的运动项目、之所以对这项运动产生狂热激情等问题进行透彻的了解。

(3)购买指标

购买指标是一个直接反映赞助价值的参考标准之一。通过对赞助前后消费者购买指标的变化,来分析、了解赞助价值的变化及价值大小。

（4）投资报酬率与增额价值率指标

赞助获利减掉赞助开支的总盈余，即为投资回报率（ROI）；而超出预期赞助价值的额度，则是指增额价值率（IVA）。举例说明，预期赞助价值为10万美元，但最终却获得了15万美元的利润，由此可以算出IVA指标为50%。

3.体育赞助效益评估的方法

（1）形象效益的评量

为了提高消费者对赞助商产品的识别能力，可以以赞助活动的形式来打动消费者的心，从而将自身品牌推介给消费者，从而为自身品牌创造光环效应与价值。由此得出，企业赞助体育的首要目标，就是通过对自身品牌形象的了解，来进一步追求消费者的品牌忠诚度。评价的内容主要包括以下方面。

第一，继续保持业务往来的客户，业务比同期是上升了还是下降了。

第二，与哪些客户失去了业务联系。

第三，关于新的业务，是基本持平还是有了更大的开发空间。

第四，继续开展新业务的潜力还有多大。

第五，活动赞助在其中所起的作用有多大。

分析时还需要考虑有没有其他因素影响了业务的变化，不要只把体育赞助看作唯一的因素，否则会有失偏颇。

（2）销售量的评估

不同的企业有着不同的体育赞助目标。但不论如何，体育赞助企业的最终目标都是提升销售业绩，增强自身竞争力。赞助企业可以根据产品销售量是否提升来判断赞助效果的好坏。也可以和同期销售量进行比较，或者对比赞助前后的销售量来进行判断，当然，在比较时也应将其他影响因素考虑在内。一般来说，赞助商对日常消费品，如快餐、饮料、服装、鞋类以及一些运动用品比较容易看到销售效果，而耐用品和奢侈品的销售量在短期内变化较小。

(3)媒体报道的评估

媒体报道主要是指电视报道(口头和视觉)、广播电台报道及印刷刊物上的报道这些方面。曝光率评估对于赞助商的效益评估有非常积极的促进作用。具体而言,可从以下几个方面进行分析。第一,电视覆盖的时间长度及其收视人次。第二,印刷媒体的覆盖面。第三,广播覆盖的时间长度及其收听人次。第四,网络媒体的点击率。根据以上四个方面的数据可以推断出到底有多少人,尤其是有多少目标消费者接触到了赞助企业的信息。

参考文献

[1] 刘清早. 体育赛事运作管理 [M]. 北京：人民体育出版社，2006.

[2] 王守恒，叶庆晖. 体育赛事管理 [M]. 北京：高等教育出版社，2012.

[3] 中国人民大学哲学系逻辑教研室. 逻辑学 [M]. 北京：中国人民大学出版社，1996.

[4] 高杨，闵健. 大型体育场馆建设与产业化运作研究 [M]. 成都：电子科技大学出版社，2011.

[5] 鲍明晓. 体育产业：新的经济增长点 [M]. 北京：人民体育出版社，2000.

[6] 杨晓生，程绍同. 体育赞助导论 [M]. 北京：高等教育出版社，2004.

[7] 王亚琼等. 运动竞赛学 [M]. 北京：北京师范大学出版社，2009.

[8] 陶卫宁. 体育赛事策划与管理 [M]. 重庆：重庆大学出版社，2015.

[9] 姚颂平. 体育赛事原理与市场 [M]. 北京：北京体育大学出版社，2015.

[10] 王守恒. 体育赛事运作之研究 [M]. 北京：北京体育大学出版社，2016.

[11] 黄海燕. 体育赛事管理 [M]. 北京：人民体育出版社，2012.

[12] 张孝平. 体育竞赛组织编排 [M]. 2版. 北京：北京体育大学出版社，2008.

[13] 史国生, 邹国忠. 体育竞赛组织与管理 [M]. 南京：南京师范大学出版社, 2008.

[14] 陆红. 运动竞赛学 [M]. 北京：清华大学出版社, 2005.

[15] 刘清早. 体育赛事主题活动运作管理 [M]. 北京：人民体育出版社, 2013.

[16] 马宏霞, 汤丽萍, 李琪. 体育营销学 [M]. 北京：人民体育出版社, 2009.

[17] 刘甲爽. 体育经济与赛事管理 [M]. 北京：中国政法大学出版社, 2015.

[18] 杨铁黎. 商业性体育赛事风险管理 [M]. 北京：北京体育大学出版社, 2010.

[19] 顾小霞, 杜秀芳, 马俊文. 体育赛事的经营与管理 [M]. 太原：山西人民出版社, 2009.

[20] 曹可强, 刘清早. 体育赛事运作 [M]. 北京：高等教育出版社, 2015.

[21] 李慧. 大型体育赛事与城市品牌形象塑造——以全运会为例 [M]. 天津：南开大学出版社, 2014.

[22] 王熙尧. 我国大型综合性体育赛事市场开发实证研究 [D]. 武汉体育学院, 2008.

[23] 华晓倩. 2010 年广州亚运会体育营销传播研究 [D]. 暨南大学, 2011.

[24] 董杰. 中国举办大型体育赛事存在的主要问题、原因与对策 [J]. 体育与科学, 2012（03）.

[25] 惠川川. 中国竞技体育制度变迁与创新的路径选择 [J]. 新闻传播, 2015（11）.

[26] 陈文成. 中国体育赛事企业竞争战略和竞争优势研究 [D]. 北京体育大学, 2018.

[27] 张大庆. 我国体育赞助现状与发展对策研究 [D]. 上海体育学院, 2008.